Marianne Lang

W0044252

Die ganzheitliche
Fünf-Elemente-Küche

Nach der chinesischen Ernährungslehre den Körper kräftigen
und regenerieren. Wie Lebensmittel das innere Gleichgewicht herstellen
und stabilisieren können

Südwest

Inhalt

Im Mittel-punkt der chinesischen Ernährungs-lehre steht der Mensch mit seinem individuellen Befinden.

Scharfe Ge-würze wer-den dem Element Feuer zuge-ordnet und wirken er-wärmend.

Die Knus-perflocken wirken energie-bringend – ideal für einen Start in den Tag.

Die verschie-denen Tees haben je nach Sorte eine erwär-mende oder abkühlende Wirkung.

Im Mittelpunkt der traditionellen chinesischen Medizin mit der Ernährung nach den Fünf Elementen steht der Mensch. Ziel ist es, Krankheiten vorzubeugen.

Die Fünf-Elemente-Küche wurzelt in alten chinesischen Traditionen, hat aber auch Gemeinsamkeiten mit den Grundsätzen der Vollwerternährung. Westliche Ernährungswissenschaftler bescheinigen ihr einen weit höheren gesundheitlichen Wert als der modernen Kost mit zahlreichen Fertigprodukten und stark verarbeiteten Lebensmitteln.

Vorwort

Die Ernährung nach den Fünf Elementen bezieht ihre Grundkenntnisse und Methoden aus der traditionellen chinesischen Ernährungslehre, baut aber auf der hier bei uns im Westen bekannten Vollwertkost auf. Sie ist die am gründlichsten erforschte Ernährungslehre weltweit, da in China schon seit etwa 3000 Jahren die Wirkungen der Lebensmittel bekannt sind.

Der harmonische Gleichklang des Organismus

Diese Lehre ist ein Zweig der chinesischen Medizin, die Körper, Seele und Geist als Einheit sieht. Das Hauptziel dabei ist, die Harmonie innerhalb des Körpers aufzubauen, um so eine optimale Gesundheit zu erreichen. Ist diese Harmonie gestört, kann sie z. B. über Ernährung, Akupunktur und Heilgymnastik wieder ins Lot gebracht werden.

Sich entsprechend der Fünf Elemente zu ernähren, bedeutet, dass wir die Nahrung nach ganz eigenen individuellen Bedürfnissen auswählen. Jedem dieser Elemente Holz, Feuer, Erde, Metall und Wasser sind eine Jahreszeit, bestimmte Körperorgane, charakteristische Wirkungen auf das Befinden, bestimmte Lebensmittel und eine Farbe zugeordnet. Durch geschicktes Kombinieren der verschiedenen Elemente bzw. Nahrungsmittel können die Kräfte im Körper in ein stabiles Gleichgewicht kommen – beste Voraussetzung, Krankheiten vorzubeugen.

Genießen beim Essen ist gesund

Die Ernährung nach den Fünf Elementen achtet auf Vollwertigkeit; die Lebensmittel sollen keinen industriell aufwändigen Verarbeitungsprozess durchlaufen, sondern so frisch wie möglich zubereitet auf den Tisch kommen. Beim Verzehr der Speisen sollen wir noch erkennen können, aus welchen einzelnen Lebensmitteln sie zubereitet wurden. Außerdem soll das Essen schmecken, weil schmackhaftes Essen zufrieden macht und Zufriedenheit sich auch positiv auf die Gesundheit auswirkt. Vor den Mahlzeiten soll die Überlegung stehen: Was passt zu mir, was brauche ich im Moment, um weiterhin im Gleichgewicht zu bleiben? Da es vollwertige, frisch zubereitete Mahlzeiten nicht in jedem Restaurant gibt, erhält zu Hause zubereitetes Essen nach der Fünf-Elemente-Ernährung einen besonderen Stellenwert. Dieses kann ein wichtiger Teil der Gesundheitsvorsorge sein.

Eine Kochmethode für den Alltag

Wer sich mit dieser Ernährungsweise beschäftigt, bekommt ein umfassendes Verständnis dafür, wie die Lebensmittel im Körper wirken und lernt, mit welchen Gerichten er seine Gesundheit stärken kann, um so zu mehr Vitalität und Lebensfreude zu gelangen. Sie bietet Rezepte, die ganz individuell nach dem persönlichen Befinden genutzt werden und ausgleichend bei leichten gesundheitlichen Beschwerden wirken können.

Im Gegensatz zu den meisten Diäten, die eine Anpassung an einen vorgeschriebenen Speisezettel erfordern, ist bei der Fünf-Elemente-Küche immer der Mensch mit seiner individuellen Konstitution und Befindlichkeit der Ausgangspunkt für die harmonisierende Zusammenstellung der Mahlzeiten.

Wer mit seiner Familie ins Restaurant geht, kann sich auch hier nach den Fünf Elementen ernähren. Frische Obstsäfte, knackige Salate, heiße Suppen oder knuspriges Brot können jede Mahlzeit nach individuellen Bedürfnissen ergänzen.

Gesund essen nach chinesischem Prinzip

Der Kreis des bekannten Yin-Yang-Symbols steht für das Universum; die helle Fläche innerhalb des Kreises verkörpert das Yang und steht für den Himmel, und die dunkle Fläche verkörpert das Yin und steht für die Erde.

Nach chinesischer Auffassung bilden Mensch, Natur und Kosmos eine Einheit, die nach den Wechselbeziehungen zwischen den gegensätzlichen Polen Yin und Yang funktioniert. Ziel des Kochens nach den Fünf Elementen soll immer sein, ausgleichend auf diese Gegensätze einzuwirken.

Yin und Yang

Bei der Beschäftigung mit der chinesischen Ernährungslehre gilt es als erstes, die Theorie der Gegensätze Yin und Yang zu erklären. Der Ursprung von Yin und Yang liegt im Prinzip der chinesischen Philosophie. Das chinesische Schriftzeichen für Yin bezeichnete ursprünglich »die schattige Seite des Hügels«, während das Yang-Zeichen für »die sonnige Seite des Hügels« stand. Auf der Erde und im Universum gibt es zu allem, was existiert, einen Gegensatz. Es sind dies Polaritäten, die jeweils Yin oder Yang zugeordnet werden und die sich gegenseitig beeinflussen. Yin und Yang werden als gleichwertige Elemente betrachtet, und zusammen ergeben sie die Energie, die alles belebt. Beispiele für diese Gegensatzpaare sind:

- Weiblich (Yin) und männlich (Yang)
- Schwarz (Yin) und weiß (Yang)
- Erde (Yin) und Himmel (Yang)
- Nacht (Yin) und Tag (Yang)
- Beruhigend (Yin) und anregend (Yang)
- Weich (Yin) und hart (Yang)

Gegensätze stehen in Wechselbeziehung

Das ständig wechselnde Zusammenspiel von Yin und Yang bestimmt nicht nur die Beziehung zwischen den Geschlechtern, sondern auch das Gleichgewicht im Körper und aller anderen Begriffspaare, die eine polarisierte Einheit bilden. Als Gegensätze sind Yin und Yang voneinander abhängig. Sie ergänzen und verändern sich wechselseitig und befinden sich nie in Ruhe. Ohne Kälte (Yin) gibt es keine Hitze (Yang) und ohne Hitze keine Kälte. Die Nacht zählt zur Yinphase, über Ruhe und speziell über den Nachtschlaf wird Yin aufgebaut. Der Tag zählt zur Yangphase, über Aktivität und Bewegung wird Yang aufgebaut. Weitere Beispiele für Yin sind: die Dunkelheit, der Winter, die Kälte, der Regen, die Starre, ebenso alles Nasse, Flüssige und Weiche.

Weitere Beispiele für Yang sind: die Helligkeit, der Sommer, die Hitze, das Feuer, die Bewegung, ebenso alles Trockene, Feste und Kompakte.

Auch der Mensch unterliegt dieser Polarität

Alles Sichtbare am Menschen sowie sein Blut- und Flüssigkeitshaushalt ist Yin. Alles nicht Sichtbare, was ebenso zum Lebendigsein gehört, der Geist und die Energie, die uns beleben, ist Yang. Trennen sich Yin und Yang, bedeutet das den Tod. Daher müssen wir stets ausreichend Yin- und Yang-Kräfte zur Erzielung einer optimalen Gesundheit zur Verfügung haben.

Oberstes Ziel – das harmonische Zusammenspiel

Das Zusammenspiel von Yin und Yang hält alles in Bewegung. Sind Yin und Yang im Gleichgewicht, ist optimale Gesundheit gegeben. Optimale Gesundheit bedeutet, dass wir uns körperlich und geistig fit fühlen; dies zeichnet sich durch einen tiefen erholsamen Schlaf, einen gesunden Appetit (ohne Naschsucht), Schaffensfreude, gute Laune und Geistesgegenwärtigkeit aus. Sind Yin und Yang nicht im Gleichgewicht, macht sich das durch folgende Symptome bemerkbar: übermäßiges Schwitzen oder Frieren, unruhiger Schlaf, rasche Ermüdung, fehlende Entschlusskraft, Niedergeschlagenheit, Vergesslichkeit, Appetitlosigkeit, Verstopfung oder Durchfall.

Die Vorstellung von den gegensätzlichen Polen Yin und Yang taucht bereits in einem der ältesten Bücher der Welt, dem »I Ging« (Buch der Wandlungen), auf. Das auch bei uns bekannt gewordene Orakelbuch stammt mit seinen frühesten Kapiteln aus dem 11. Jahrhundert v. Chr.

Meist werden Beeinträchtigungen des Wohlbefindens leichtfertig in Kauf genommen mit dem Trost, das sei noch keine Krankheit oder das gehöre zum Älterwerden dazu. Aber auch der älter werdende Mensch kann froh und leistungsfähig bleiben, solange Yin und Yang im Gleichgewicht sind.

Die Ernährung kann das Gleichgewicht erneuern

Die Chinesen ordnen das ganze Weltgeschehen dem Yin-Yang-System zu, so auch den Menschen und seine Nahrung. Die Lebensmittel werden in eher yinhaltig bzw. eher yanghaltig eingeteilt. Falsche und einseitige Ernährung, zu große körperliche und geistige Belastungen können das harmonische Zusammenspiel stören. Je schneller wir ein Ungleichgewicht zurechtrücken, umso seltener werden wir krank. Über die Ernährung nach den Fünf Elementen können wir das Yin-Yang-Zusammenspiel immer wieder positiv beeinflussen und stabilisieren.

Nach chinesischer Auffassung wirkt der häufige Verzehr von Südfrüchten zu stark abkühlend auf den Organismus derjenigen Menschen, die es leicht friert und die in einer Region leben, in der diese Früchte nicht gedeihen.

Die thermische Wirkung der Lebensmittel

Eine wichtige Erkenntnis der chinesischen Ernährungslehre ist, dass alle Lebensmittel eine thermische Wirkung haben, d. h., nachdem wir sie verzehrt haben, kühlen oder erwärmen sie unseren Organismus. Die Lebensmittel, die in einem Land mit heißem Klima wachsen, haben die Fähigkeit, den Körper abzukühlen: So sind z. B. Orangen genau das Richtige, um die Menschen zu erfrischen, die in diesem Land leben. Dagegen haben z. B. Rosenkohl, Meerrettich oder Porree, die in kälteren Regionen wachsen, eine wärmende Wirkung auf unseren Körper.

Kühlende und erwärmende Nahrungsmittel

Lebensmittel, die viel Saft enthalten, kühlen unseren Körper, sie zählen zu den Yin-Nahrungsmitteln. Für Menschen, denen häufig warm ist, sind Tomaten, Gurken, Melonen, Südfrüchte und Rohkost geeignet, um die Hitze im Körper zu vermindern. Ebenso geeignet sind in Wasser gekochte Gemüsesorten, um den Säfteaufbau des Körpers zu unterstützen.

Yang-Nahrungsmittel enthalten weniger Säfte, sie erwärmen unseren Körper. Zu Kälte neigende Menschen sollten im Winter nur selten Südfrüchte und Rohkost zu sich nehmen und sich dagegen überwiegend von gekochten Speisen ernähren, scharf gewürzt zubereitet. Eine derartige Speise bringt dem Körper Wärmeenergie. Sie ermöglicht eine Abwehr der äußeren Kälte, so dass der Körper weniger anfällig für Erkältungsviren ist.

Auch die Art der Zubereitung zählt

Je länger wir eine Speise kochen, umso mehr Wärmeenergie können wir uns mit ihr zuführen. Haben unsere Organe genügend Wärmeenergie aus den Speisen aufgenommen, sind sie voll funktionsfähig. Außerdem sind sie so erst in der Lage, das Verzehrte vollständig verdauen und die Inhaltsstoffe der Nahrung verwerten zu können.
Ernähren wir uns dagegen mit überwiegend abkühlenden Speisen, weil wir mit Südfrüchten und Rohkostgerichten den Vitamingedanken überbewerten, wird durch die kühlende Wirkung dieser Lebensmittel die Verdauungsarbeit der Organe eher

Rohkost wird in der Fünf-Elemente-Küche nur sparsam und gezielt eingesetzt zur Erfrischung und Abkühlung. Das Kochen der Nahrung wird als unerlässlich betrachtet, um die Lebensmittel für die Verwertung durch den Körper aufzuschließen.

Die Analyse einzelner Nahrungsmittel nach ihren Inhaltsstoffen wie Mineralien, Vitaminen usw. ist der chinesischen Ernährungslehre fremd. Lebensmittel gelten als harmonische, in sich abgestimmte Einheiten. Im Mittelpunkt stehen mehr die Wirkung und Wechselwirkung mit anderen Zutaten einer Mahlzeit.

gehemmt. Ihre Funktionsfähigkeit wird durch abkühlende Speisen eingeschränkt; teilweise passiert die Speise unsere Organe dann zu schnell, ohne richtig verwertet zu werden. Ein sich daraus eventuell entwickelnder Kältedurchfall äußert sich durch gurgelnde Darmgeräusche und Bauchschmerzen, die durch Wärmeeinfluss gelindert werden.

Die thermische Einstufung beachten

Gefrorene Lebensmittel wirken über die Kältebehandlung, die sie erfahren haben, auf den Körper verstärkt abkühlend. In der chinesischen Ernährungslehre werden diese Lebensmittel nicht als vollwertig anerkannt, da über den Gefriervorgang die energiebringende Struktur der Lebensmittel zerstört wird. Der Körper muss zur Verarbeitung mehr Energie bereitstellen, als dies der Fall ist, wenn frische Lebensmittel verzehrt werden.

Wenn wir die thermische Wirkung der Lebensmittel verinnerlicht haben und bereit sind, Lebensmittel nach diesen Kriterien auszusuchen, können wir schon viel für unsere Gesundheit tun. Die unterschiedliche Einstufung der Lebensmittel bezüglich ihrer thermischen Wirkung kann anhand der den Elementen zugeordneten Listen (siehe Seite 38ff.) abgelesen werden.

In den Listen auf Seite 38ff. finden Sie die Zuordnung der Lebensmittel zu den Elementen. **Es wäre eine aufschlussreiche Arbeit, alle Lebensmittel, die Sie besonders häufig verzehren, mit Leuchtstift anzustreichen. So könnten Sie schnell herausfinden, ob Sie sich im Sinn der Fünf-Elemente-Küche ausgewogen oder einseitig ernähren und dadurch zu Kälte oder Hitze neigen.**

Die Lebensenergie

Nach östlicher Lehre setzt sich unsere Lebensenergie zusammen aus der vorgeburtlichen Erbenergie, die wir von unseren Eltern mitbekommen, und aus der nachgeburtlichen Energie, die wir aus unserer Nahrung und aus der Atemluft selbst bilden. Die vorgeburtliche Energie bestimmt weitgehend, mit welcher Grundkonstitution wir auf die Welt kommen. Für werdende Eltern lohnt es sich daher nach chinesischer Auffassung besonders, vor einer Zeugung die eigene Gesundheit zu stärken, um dem Kind einen guten Start zu ermöglichen.

Die nachgeburtliche Energie können wir zu jeder Zeit selbst über die Ernährung beeinflussen. Unser Essen ist der Stoff, aus dem der Körper sich holt, was er braucht, um voll funktionsfähig zu sein. Wichtig ist es daher zu erkennen, dass Essen mehr bewirkt, als nur den Hunger zu stillen.

Aufbauende Kost für jedes Lebensalter

Die Chinesen sagen: Babys sind noch unreif. Daher stärkt es Kleinkinder in ihrem Werden besonders, wenn sie vollwertig ernährt werden. Eine Umstellung auf die Fünf-Elemente-Ernährung, also die Beachtung der leicht umsetzbaren Erkenntnisse aus der chinesischen Ernährungslehre, bringt in jedem Alter Vorteile. Vitalstoffreiche Nahrung, so naturbelassen wie möglich, stärkt unsere Gesundheit. Die chinesische Ernährungslehre setzt bei geschwächten Menschen alles daran, über die Ernährung neue Lebensenergie aufzubauen.

Sollte der Ungleichgewichtszustand im Körper zu stark sein oder sich bereits als Krankheit bemerkbar machen, ist es sinnvoll, mit einem Arzt oder Heilpraktiker zusammenzuarbeiten, der sich auf chinesische Medizin spezialisiert hat. Dieser kann z. B. spezielle Heilkräuter zum Energieaufbau verordnen.

Das Drei-Erwärmer-Modell

Die chinesische Medizin hat ein einfaches Modell, anhand dessen sie das Funktionieren unseres Organismus erklärt. Im Mittelpunkt stehen fünf Organpaare, die sich wiederum im Sinn von Yin und Yang beeinflussen und ergänzen:

- Leber und Gallenblase
- Herz und Dünndarm
- Milz und Magen
- Lunge und Dickdarm
- Nieren und Blase

Neben der von den Eltern mitgegebenen Lebensenergie gelten die Nahrung und die Luft, die wir atmen, als Quellen, um unsere Energiereserven aufzufüllen. In der traditionellen chinesischen Medizin sind alle Krankheiten und Beschwerden verbunden mit einer Beeinträchtigung dieser Energie, die Qi genannt wird.

Eine weitere Möglichkeit, dem Körper Energie zuzuführen, besteht in der so genannten Moxatherapie. Bei diesem Verfahren wird Beifußkraut über bestimmten Akupunkturpunkten verbrannt, um die Meridiane zu stimulieren.

Wird der mittlere Erwärmer über längere Zeit mit abkühlender Ernährung geschwächt, hat der untere Erwärmer große Mühe, seine Energie nach oben abzugeben. In extremen Fällen führt dies zum Ersticken des Lebensfeuers.

Es gibt Wechselbeziehungen über das Meridiansystem, welches Blutgefäße und Nervenbahnen, die zwischen den fünf Organpaaren selbst und zu den anderen Körperteilen verlaufen, mit einschließt. Die Meridiane sind unsichtbare Leitbahnen, die ein dichtes Netz im Körper bilden und alle Gewebe und Organe miteinander verbinden. Auch bei uns bekannt sind die medizinischen Verfahren der Akupunktur oder Akupressur, die durch Reizung bestimmter Punkte auf diesen Meridianen therapeutische Wirkung erzielen.

Schaltstelle für den ganzen Organismus

Neben dem Zusammenspiel von Yin und Yang kennen die Chinesen das Drei-Erwärmer-Modell, eine Art dreigeteilte Koordinationszentrale, die die Tätigkeit der Körperorgane bezüglich Flüssigkeits- und Wärmehaushalt regelt und kontrolliert, so dass diese harmonisch zusammen wirken können.

● Der untere Erwärmer (Nieren und Blase) dient der Speicherung und Bereitstellung von Lebenskraft und der Ausscheidung für den Körper unbrauchbarer Stoffe (Stuhl und Urin).

Das Drei-Erwärmer-Modell

Das Drei-Erwärmer-Modell stellt den Energiekreislauf im Körper dar. Milz und Magen bilden dabei die Mitte, die die gesamte Energie aus der Nahrung aufnehmen.

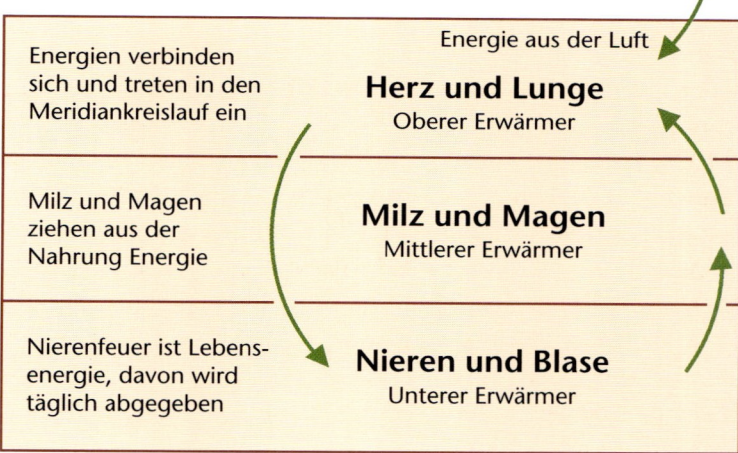

Energie aus der Luft

Energien verbinden sich und treten in den Meridiankreislauf ein

Herz und Lunge
Oberer Erwärmer

Milz und Magen ziehen aus der Nahrung Energie

Milz und Magen
Mittlerer Erwärmer

Nierenfeuer ist Lebensenergie, davon wird täglich abgegeben

Nieren und Blase
Unterer Erwärmer

• Der mittlere Erwärmer (Milz und Magen) gilt als stabiles Zentrum der nachgeburtlichen Energie. Er ist zuständig für die Verdauung und die Gewinnung von Energie aus der Nahrung.

• Der obere Erwärmer (Herz und Lunge) zeigt seine Aktivität durch die Atmung.

Der untere Erwärmer, die Nieren, spendet dem mittleren Erwärmer durch aufsteigende Energie Wärme. Dadurch kann der mittlere Erwärmer aus der Nahrung den ersten Teil der nachgeburtlichen Energie erzeugen. Bei einem gut funktionierenden unteren und mittleren Erwärmer gelangt ausreichend Energie in den oberen Rumpfbereich, um hier die Organe des oberen Erwärmers, Herz und Lunge, zu versorgen. Hier ist es Aufgabe der Lunge, den zweiten Teil der nachgeburtlichen Energie zu erzeugen. Indem sie Energie aus der Atemluft extrahiert und dem Körper zur Verfügung stellt, entsteht Atmungsenergie.

Vermischt mit der Nahrungsenergie bilden beide zusammen die nachgeburtliche Energie, eine energetische Grundsubstanz, die nun in den Meridiankreislauf eintritt. Aus diesem Energieurgemisch bildet der Körper alles, was er braucht, um funktionstüchtig zu bleiben.

Zentrale Rolle – der mittlere Erwärmer

Dem mittleren Erwärmer sollte stets viel Aufmerksamkeit geschenkt werden, er sollte das ganze Leben hindurch gestärkt werden. Dies ist die wichtigste Gesundheitsvorsorge. Ist der mittlere Erwärmer funktionstüchtig, sind wir für Krankheiten fast nicht angreifbar. Verstehen wir diese Zusammenhänge, wird deutlich, warum es so wichtig ist, die energiebringende und thermische Wirkung der zugeführten Lebensmittel und Getränke zu kennen und zu beachten. Die chinesische Ernährungslehre rät zu keinerlei Fastenkuren, weil durch Nahrungsentzug vermehrt Energie von unserer nicht regenerierbaren ererbten Energie verbraucht würde. Und gerade diese gilt es zu bewahren, um möglichst gesund ein hohes Alter zu erreichen.

Die Basis einer gesunden, die Mitte stärkenden und erwärmenden Ernährung bilden in der Fünf-Elemente-Küche die verschiedenen Getreidearten. Wie bei der Vollwertkost sollte das Getreide möglichst unbehandelt sein und Keim und Randschichten enthalten.

Die Fünf Elemente und ihre Wandlungsphasen

Ebenso wie der regelmäßige Zyklus der Jahreszeiten befinden sich die Elemente Feuer, Erde, Wasser, Metall und Holz in ständiger Bewegung und Wandlung.

Den Fünf Elementen werden die Zusammenhänge von Naturkräften, Körper, Seele und Geist zugeordnet. Die Elemente Holz, Feuer, Erde, Metall und Wasser bezeichnen so genannte Wandlungsphasen oder zeitliche Abläufe wie z. B. Tageszeiten, Jahreszeiten, Geschmacksrichtungen, Gerüche und Gemütslagen. Alle Fünf Elemente stehen in zyklischer Verbindung miteinander, bringen sich gegenseitig hervor, kontrollieren einander und bilden in der Gesamtheit ein Ganzes (siehe Grafik, auf Seite 15).

Organzuordnungen und Geschmacksrichtungen

In dieses Analogsystem chinesischer Naturphilosophie sind sowohl bestimmte Körperorgane als auch die fünf Geschmacksrichtungen sauer, bitter, süß, scharf und salzig eingeordnet. Wir sprechen von der Fünf-Elemente-Ernährung, weil in jedem Gericht jeder Geschmack vertreten sein soll. Durch unsere Ernährung können wir auch Einfluss auf unser seelisches Befinden nehmen. Etwas Saures, Bitteres, Süßes, Scharfes oder Salziges stärkt die zugeordneten Organe.

Die Lehre von Wesen und Einfluss der Elemente spielte in fast allen großen Kulturen eine wichtige Rolle. In der westlichen Antike finden sich Parallelen dazu in der Lehre von den vier Temperamenten.

Das Holzelement

Zur Natur des Holzes gehört die Farbe Grün. Das Wachstum, die Kindheit, jeder Beginn sowie der Funktionskreis Leber und Gallenblase sind dem Holzelement zugeordnet ebenso wie der saure Geschmack, der Schweißgeruch, das Schreien und der Wind.

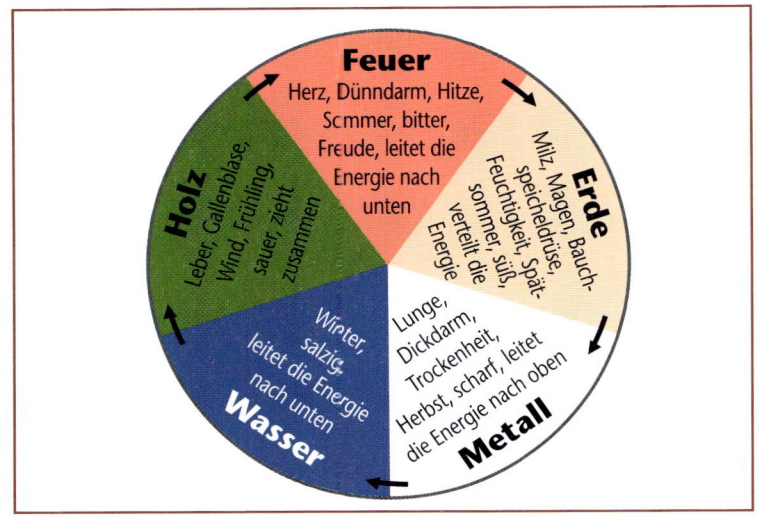

Jedem der Fünf Elemente sind bestimmte Organe, eine Jahreszeit, eine Geschmacksrichtung und eine allgemeine Wirkung im Körper zugeschrieben.

So wirkt das Element im Körper

Ein Zuviel des sauren, zusammenziehenden Geschmacks (Früchtetee, Zitronensaft) verletzt Leber und Gallenblase. Zu viel Saures spannt die Leber an. Empfindliche Menschen neigen dann zu Reizbarkeit und einem cholerischen Wesen. Andererseits bewahrt der saure Geschmack unsere Körpersäfte. Seine zusammenziehende Wirkung können wir uns zunutze machen bei Anlässen, bei denen sich naturgemäß die Poren öffnen und wir zu übermäßigem Schwitzen neigen, wie z. B. beim Sport oder beim Aufenthalt in schwül-heißer Luft.

Nach der Devise »sauer macht lustig« soll der zum Holzelement gehörende saure Geschmack die Körperenergie nach unten bewegen und so beruhigend und abkühlend wirken bei Gereiztheit, innerer Unruhe oder heftigem Zorn.

Das Feuerelement

Zur Natur des Feuers gehört die Farbe Rot. Das Übersprühende, Aktive und Aufsteigende, die Jugend sowie der Funktionskreis Herz und Dünndarm sind dem Feuerelement zugeordnet ebenso wie der bittere, austrocknende Geschmack, der verbrannte Geruch, das Lachen und die Hitze.

So wirkt das Element im Körper

Ein Zuviel des bitteren, austrocknenden Geschmacks (Kaffee oder Schwarztee) verletzt Herz und Dünndarm. Schlafstörungen, trockene Haut und Anämie können die Folge derartiger Störungen des Gleichgewichts sein.

Das Erdelement

Natürlich süße Lebensmittel aus dem Erdelement spielen in der Fünf-Elemente-Küche eine wichtige Rolle für den Energieaufbau. Dabei sind in erster Linie Trockenobst, Mandeln, Nüsse, Äpfel, Birnen, Möhren, Mais, Kürbis, Hirse und Gerste gemeint. Allerdings gilt es auch hier, das Gleichgewicht zu bewahren. Ein Zuviel verletzt das zugehörige Organ.

Zur Natur der Erde gehört die Farbe Gelb. Sie symbolisiert das Zentrum, die Mitte, und wird in Verbindung gebracht mit pragmatischem Denken. Die Fruchtbarkeit, die Beständigkeit, die Lebensmitte sowie der Funktionskreis Milz, Bauchspeicheldrüse und Magen sind dem Erdelement zugeordnet ebenso wie die Feuchtigkeit, der süße, befeuchtende Geschmack, der aromatische Geruch und das Sichsorgen und Grübeln.

So wirkt das Element im Körper

Ein Zuviel des süßen, befeuchtenden Geschmacks (Zucker oder Milchprodukte) verletzt vor allem die Milz. Niedergeschlagenheit, Erschöpfung und Flüssigkeitsansammlungen in den Organen können auftreten.

Das Metallelement

Zur Natur des Metalls gehört die Farbe Weiß. Alles Formbare, Starke und Widerstandsfähige, das reife Alter, die Lebenserfahrung, der Herbst sowie der Funktionskreis Lunge und Dickdarm sind dem Metallelement zugeordnet. Ebenso werden diesem Element der scharfe, aromatische und stagnationslösende Geschmack, scharfe Gewürze, der fischige Geruch, die Traurigkeit und die Trockenheit zugeordnet.

So wirkt das Element im Körper

Ein Zuviel des scharfen, die Poren öffnenden und stagnations-
lösenden Geschmacks verletzt vor allem die Lunge, was zu Gereiztheit und Zerstreuung der Lebensenergie führen kann.

Das Wasserelement

Zur Natur des Wassers gehört die Farbe Blauschwarz. Alles Be-
fruchtende, Anpassungsfähige, Hinabsteigende und Verschwin-
dende, der Lebensabend sowie der Funktionskreis Nieren und
Blase sind dem Wasserelement zugeordnet ebenso der salzige,
Geschmack, der faulige Geruch, die Ängstlichkeit und die Kälte.

So wirkt das Element im Körper

Ein Zuviel des salzigen Geschmacks (Salz) verletzt die Nieren;
eine Verhärtung und Austrocknung stellt sich ein. Verstopfung,
trockene Haut und gereizte Schleimhäute können auftreten.

Scharfe, dem Element Metall zugeordnete Lebensmittel werden therapeutisch einge-setzt, um Blockaden zu lösen. Nach chinesischer Auffassung bewirkt Schärfe eine Öffnung nach außen, in organischer Hinsicht z. B. durch eine porenöffnende, schweißtrei-bende Therapie, die man zur Behandlung von Erkältungs-krankheiten einsetzt.

Das Element Erde steht für Fruchtbarkeit, Empfängnis und Vermehrung.

Bereits für Kinder ist die Ernährung nach den Fünf Elementen eine Bereicherung, die die innere Kraft stärkt und Krankheiten vorbeugt.

Ein typisch chinesisches Essen besteht aus einer Vielzahl unterschiedlicher Gerichte, von denen sich die Familienmitglieder ganz nach Geschmack und Befinden bedienen. Statt dieser für unsere Verhältnisse sehr aufwändigen Methode kann auch durch Zugaben wie Salate und Getränke die Mahlzeit individuell abgestimmt werden.

In Harmonie bleiben – Ernährungstipps

Laut chinesischer Ernährungslehre wirken die Lebensmittel unterschiedlich. Sie entfalten ihre befeuchtende, austrocknende, abkühlende, erfrischende oder erwärmende Wirkung, nachdem wir sie verzehrt haben. Dieses Wissen können wir uns zunutze machen, wenn wir einen Ungleichgewichtszustand in uns bemerken, wenn wir zu Hitze oder Kälte neigen oder Blut und Energie aufbauen möchten. Denn das Essen, das für die eine Person gesundheitsfördernd ist, kann sich auf eine andere Person nachteilig auswirken.

Speisepläne individuell abstimmen

Mit dem Wissen um die Wirksamkeit der Lebensmittel im Körper wird ein Speiseplan erstellt, der das individuelle Empfinden der Person berücksichtigt. Dieser kann allerdings je nach Stimmungslage abgewandelt werden. Das innere Gleichgewicht, eine vollständige Harmonie kann so über Speisen und Getränke wiederhergestellt werden. Ebenso können mit entsprechender Ernährung äußere Widrigkeiten, z. B. ein Wetterumschwung von Hitze zu Kälte, abgemildert werden, damit der Mensch im Gleichgewicht bleibt.

Individuelle Ernährung heißt, dass jedes Familienmitglied z. B. von dem erwärmenden Eintopf essen kann, selbst wenn bei einem eine Neigung zu Hitze vorliegt. Der Ausgleich wird über Getränke und Salate geschaffen. So entsteht keine Mehrarbeit im Haushalt. Jemand, den es leicht friert, bekommt zum Essen ein erwärmendes Getränk und nur eine kleine Portion Salat, während die Person mit Neigung zur Hitze ein abkühlendes Getränk mit einer großen Portion Salat erhält.

Richtig essen zur rechten Zeit

Morgens zwischen sieben und neun Uhr arbeiten Milz und Magen auf Hochtouren und stellen aus sinnvoll zugeführter Nahrung Energie für den Tag bereit. Deshalb ist es wichtig, auf ein gutes Frühstück zu achten, um dem Körper einen energiereichen Start in den Tag zu ermöglichen.

Optimal wäre es, täglich fünf kleine Mahlzeiten einzunehmen, mindestens jedoch drei, und zwar zu regelmäßigen Zeiten. Essen Sie nicht zu viel auf einmal, weil sich sonst die gesamte vorhandene Energie auf die Verdauung konzentriert. Es entschwindet die Energie, die Sie für Ihre sonstigen Aktivitäten brauchen. Zwischen 19 und 21 Uhr hat der Magen am wenigsten Energie zur Verfügung; deshalb sollten wir um diese Zeit nur essen, wenn wir noch einige Stunden wach bleiben wollen. Keinesfalls sollten wir uns täglich nach einem üppigen Mahl schlafen legen.

Fastenkuren schwächen den Energiehaushalt

Die chinesische Medizin und Ernährungslehre empfiehlt keine Fastenzeiten, weil durch Nahrungseinschränkung die Bildung von nachgeburtlicher Energie entfällt und die Energie, die wir für unsere täglichen Aktivitäten brauchen, direkt aus unserer vorgeburtlichen Nierenenergie strömt. Unsere so genannte Essenz (aus chinesischer Sicht eine Art innerer Kraftreserve) wird dadurch geschwächt, was unsere Lebenszeit verkürzt.

Wie viel Sie täglich trinken sollten

Der Mensch braucht eine bestimmte Menge fester Nahrung. Es ist aber genauso notwendig, dass wir genügend Flüssigkeit zu uns nehmen. Das Trinken regt die Energien in uns an; dadurch werden Stauungen vermieden und Denkblockaden gelöst, was wiederum zu mehr Gelassenheit führt. Die Flüssigkeitszufuhr ist auch notwendig zur Blutverdünnung und zum Erhalt der

Das bei uns verbreitete Marmeladenbrötchen-Frühstück ist sowohl von den Ernährungsregeln der Fünf-Elemente-Küche als auch von den Gewohnheiten unserer Vorfahren weit entfernt. Warm zubereitete Getreidegrützen, Suppen oder Reisbrei kommen dem morgendlichen Bedürfnis des Körpers nach Wärme und Energie besser entgegen.

anderen Körperflüssigkeiten, wie z. B. der Lymphe oder der Galle. Essen wir viel Gemüse in gekochter Form und viel Obst, so enthalten diese Mahlzeiten schon viel Flüssigkeit und es braucht weniger zusätzlich getrunken zu werden.

Die chinesische Ernährungslehre rät bezüglich der Trinkmenge, den ausgeschiedenen Urin zu beobachten. Ist er glasklar, fast wie Wasser, wurde zu viel getrunken oder es ist Kälte im Körper. Ist der Urin dunkelgelb, wurde zu wenig getrunken oder es ist zu viel Hitze im Körper. Normaler Urin hat eine leicht gelbliche Farbe. Durch zu viel Trinken entsteht naturgemäß häufiges Wasserlassen. Laut chinesischer Medizin bedeutet die vermehrte Filterarbeit der Nieren auch einen unnötigen Energieverlust.

Zur harmonischen, ausgewogenen Zubereitung der Mahlzeiten gehört auch das anschließende Verzehren in ruhiger, gelassener Atmosphäre. Auch wenn es schnell gehen muss, sollten Sie sich die Zeit nehmen, das Essen appetitlich anzurichten und den Tisch liebevoll zu decken.

Wichtige Ernährungsregeln

- Essen und trinken Sie nicht zu heiß und nicht zu kalt.

- Kauen Sie jeden Bissen oft, mindestens 20- bis 30-mal. Durch langes Kauen stellt sich schneller das Sättigungsgefühl ein, und die zugeführte Nahrungsmenge entspricht dann dem tatsächlichen Bedarf des Körpers. Die Verdauung beginnt im Mund. Häufiges Kauen stärkt auch die Nierenenergie und entspannt die Nackenmuskeln.

- Frühstücken Sie innerhalb der ersten drei Stunden nach dem Aufstehen, damit Sie Ihrem Körper die notwendige Energie zur Verfügung stellen.

- Die Nahrung ist für den Körper wie das Benzin für den Motor; hungern Sie nicht, essen Sie aber auch nicht zu viel: Der Magen sollte nur zu drei Viertel gefüllt sein, um eventuellen Gärungen Platz zu lassen.

- Trinken Sie zum Essen nur wenig, da sonst die Milz befeuchtet wird, die Verdauungssäfte verdünnt werden und die Nahrung dadurch nur mühsam verwertet werden kann.

Getränke wirken unterschiedlich

Bedenken Sie bitte, dass austrocknende Getränke wie Kaffee, Schwarztee oder Rotwein zu einer negativen Flüssigkeitsbilanz im Organismus führen können. Denn sie entziehen dem Körper mehr Flüssigkeit, als sie ihm liefern.

Die Menge der Flüssigkeitszufuhr und die Art der Getränke – austrocknend, befeuchtend, abkühlend oder erwärmend – haben auch Auswirkungen auf unseren Stuhlgang.

Verstopfung oder Durchfall zählen zu den Ungleichgewichtszuständen und können über Ernährung und geeignete Getränke ausgeglichen werden. Laut chinesischer Medizin sollte der Stuhlgang nicht penetrant riechen, er sollte eine feste Form haben und mindestens einmal täglich erfolgen.

Jahreszeitlich angepasstes Essen

Die thermische Wirkung einer Mahlzeit kann über die Kochmethode verändert werden. Dieses Wissen sollen wir gezielt in den verschiedenen Jahreszeiten anwenden. Dazu gilt, Lebensmittel regional und saisonbedingt einzukaufen. Gemüse, das bei uns heimisch ist und bis zur vollen Reife wachsen kann, ist besonders hochwertig – nicht zuletzt natürlich auch deshalb, weil es ohne lange Lieferwege besonders frisch bei uns auf den Tisch kommt. Für die im Folgenden dargestellten jahreszeitlichen Übergänge gilt es, aufmerksam die Natur zu beobachten.

In der Bevorzugung von Gemüse und Obst der Saison stimmt die Fünf-Elemente-Küche mit den Richtlinien der Vollwerternährung überein. Auch in städtischen Gebieten gibt es heute überall Wochenmärkte, auf denen man frisches, unbehandeltes Gemüse aus der Region bekommt.

Der Frühling

Das Frühjahr mit seinen aufwärts strebenden Energien beginnt nach der chinesischen Lehre schon Mitte Februar; ab da sprießen die ersten Blumen hervor, es wird wärmer, wir können uns also erfrischender ernähren; scharfe Gewürztees sollten wir ab jetzt seltener trinken oder nur ganz schwach dosieren.

Stattdessen sollten wir reichlich frisches Gemüse, insbesondere grüne Sorten, wie z. B. Spinat oder Brokkoli, essen oder auch Getreideprodukte, wie z. B. Vollkornnudeln, Weizen oder Dinkel bevorzugen. Feldsalat, junge Löwenzahnblätter, Schnittlauch sowie Keime und Sprossen eignen sich für Salate. Empfehlenswert für den Frühlingsspeisezettel sind gelegentlich auch fermentierte Nahrungsmittel, wie z. B. Sauerkraut.

Der Sommer

Im Sinn der ausgewogenen Balance sollte man auch bei sommerlicher Hitze nur selten Erfrischung durch Eiscreme oder eisgekühlte Getränke suchen. Der plötzliche Wechsel von heiß zu kalt stört das Gleichgewicht im Körper und führt leicht zu unerwünschten Reaktionen.

Richtig warm, auch schon nachts, wird es oft bereits ab Mitte Mai – der Sommer kündigt sich an. Spargel und alle anderen jetzt verfügbaren Gemüse helfen uns, die Säfte zu ergänzen, die durch die äußere Hitzeeinwirkung zusätzlich verbraucht werden. Kurze Garzeiten und viele kleine Mahlzeiten machen die Ernährung leicht und wirken auch bei Wärme nicht belastend. Wir sollten aber darauf achten, nicht zu stark abkühlend zu essen, da sich sonst leicht ein Sommerdurchfall einstellt! Erfrischend wirken Gerichte mit Tofu, Gurke oder Melone. Frische Kräuter wie Basilikum, Estragon und Schnittlauch, die wir vielen Speisen hinzufügen können, bringen Wärmeenergie in die erfrischenden Gerichte und schaffen so einen Ausgleich zwischen warm und kalt.

Der Herbst

Beobachten wir weiterhin aufmerksam die Natur: Ende August beginnt der Herbst, die Blätter färben sich und fallen ab. Zum Herbst gehört auch der Wind, und es gilt, sich vor ihm zu schützen. Dies gelingt über geeignete, winddichte Kleidung, aber auch über gezieltes Essen. Reis – in verschiedenen Variationen zubereitet – hilft uns, die Körperoberfläche zu verdichten, so dass uns der Wind keinen Schaden zufügen kann. Wegen der beginnenden Kälte können wir des Öfteren zu den Mahlzeiten erwärmenden Porree hinzunehmen. Gut geeignet sind auch

Wurzelgemüse wie Möhren, Steckrüben oder Rettich, die jetzt ihre Erntezeit haben. Ein typisches Herbstgemüse ist der Kürbis mit seinen leuchtenden Farben, der sich für Suppen oder zum Füllen mit gegartem Getreide eignet. Wohlschmeckend und bekömmlich sind in dieser Jahreszeit Eintöpfe mit Bohnen. Insgesamt wählt man im Herbst eher längere Kochzeiten und reduziert den Rohkostanteil auf dem Speisezettel.

Der Winter

Im November, wenn es Winter wird, beginnt die Zeit mit Gewürztees und -plätzchen; sie bringen Wärme in den Körper, und dadurch kann die äußere Kälte leichter abgewehrt werden. Alle gelagerten Gemüse, Nüsse und Hülsenfrüchte liefern Energie, so dass wir unsere Mitte stabilisieren und Krankheiten leichter abwehren können. Erwärmende Gemüsearten sind Zwiebeln und Porree, die man gut mit wertvollen Getreidearten wie Hirse oder Hafer zu Risottos kombinieren kann. Jetzt kann auch öfter einmal Fleisch auf den Tisch kommen, z. B. auf asiatische Art mit dem ebenfalls erwärmenden Ingwer gewürzt.

Auch bei der jahreszeitlich angepassten Küche sollte man die persönlichen Lebensumstände berücksichtigen. Wer den ganzen Winter in geheizten Büroräumen verbringt, braucht sicher weniger erwärmende und gehaltvolle Mahlzeiten, als jemand, der viel im Freien ist.

Scharfe Gewürze wie Chilischoten, Ingwer, Knoblauch oder Curry werden dem Element Metall zugeordnet und wirken stark erwärmend.

Wenn die Balance nicht mehr stimmt

Mit der Ernährung nach den Fünf Elementen können wir Stimmungs- und Gefühlsschwankungen ausgleichen und so für mehr Wohlbefinden sorgen.

Ähnlich wie der Homöopath nimmt sich auch der in traditioneller chinesischer Medizin ausgebildete Arzt oder Heilpraktiker sehr viel Zeit, um auf die Persönlichkeit des Patienten einzugehen und den bestehenden Ungleichgewichtszustand zu erkunden. Neben der Einordnung der Symptome sind die genaue Beobachtung von Puls und Zunge wichtige Diagnoseinstrumente.

Voraussetzungen für den Beginn von Krankheiten sind nach chinesischer Meinung Faktoren, die die innere Harmonie stören:

● Äußere Faktoren wie Wind, Feuchtigkeit, Trockenheit, Kälte oder Hitze können das Gleichgewicht von Yin und Yang stören.

● Innere Faktoren oder Gemütsbewegungen wie Grübeln oder Kummer, Angst oder Furcht, Zorn oder Schreck, aber auch positive Gefühle wie übermäßige Freude oder Lust können das Gleichgewicht von Yin und Yang von innen heraus stören.

● Weitere Faktoren wie Umweltgifte, Bakterien oder Drogen, Alkohol, Diäten und geistige und körperliche Überanstrengungen können zum Ungleichgewicht von Yin und Yang führen.

Die Ausgangspunkte von Beschwerden

Wirken derartige Belastungen, die das Gleichgewicht stören, längere Zeit auf uns ein, entsteht ein instabiler Zustand, aus dem sich die verschiedensten Krankheiten bilden können. Ausgangspunkte hierfür sind Leere (zu viel Kälte), Fülle (zu viel Hitze) und Stau (ins Stocken geratenes Fließen von Energie und Blut).

Der Zustand von Leere

Bei einer Leere sind Yin und Yang reduziert. Besonders im fortgeschrittenen Alter und bei schweren bzw. chronischen Krankheiten kann man diesen Zustand beobachten. Die Leere ist erkennbar an einer allgemeinen Schwäche, Kurzatmigkeit, Magerkeit, Anämie, blassem Gesicht, schlechtem Gedächtnis, eventueller Schlafstörung sowie an kalten Beinen und Armen.

Mögliche Ursachen

Ursachen einer Leere könnten fortgeschrittenes Alter, geistige und körperliche Überanstrengungen, Kälte von außen, überwiegend minderwertige und abkühlende Nahrung (Fertigprodukte, Zuckerhaltiges, Rohkost, Südfrüchte), zu wenig gekochtes Gemüse, Fastenkuren, häufiges Trinken von austrocknenden Getränken wie Schwarztee oder Kaffee und der übermäßige Genuss von abkühlenden Getränken wie Wasser und Limonaden sein. *Gegenmaßnahmen*: Hier wird eine insgesamt aufbauende Behandlung empfohlen.

Der Zustand der Fülle

Bei einer Fülle handelt es sich um einen Überschuss an Yang (Wärme und Energie). Eine Fülle zeigt deutlich starke, wenn nicht sogar heftige Symptome. Je nachdem, in welchem Organbereich sie sich festgesetzt hat, äußert sie sich an folgenden Anzeichen: einem unruhigen, dynamischen, zu Hitze neigenden Wesen (roter Kopf, rote Ohren), an übermäßigem Appetit, Verlangen nach kalten Getränken und einer Neigung zur Verstopfung.

Mögliche Ursachen

Ursachen eines Zustands der Fülle können in erhitzender Ernährung oder starken Emotionen wie Zorn bzw. Freude liegen. *Gegenmaßnahmen*: Zum Ausgleich wird eine die Hitze ableitende, kühlende bzw. dämpfende Behandlung empfohlen.

Der Stau von Energie und Blut

Bei einem Stau im Körper ist unser Energie- oder Blutfluss blockiert. Eine Hauptaufgabe unserer Leber ist es, den freien Fluss unserer Energie zu gewährleisten. Stürmen zu viele emotionale Belastungen auf uns ein und ist unsere Ernährung zu übersäuernd, entsteht im Funktionskreis Leber ein Energiestau.

Bei einem Zustand der Fülle kann ein Ausgleich durch die Ernährung erreicht werden, indem man auf heiße und erwärmende Speisen (siehe Liste Seite 38ff.) verzichtet. Der Genuss von Fleisch, frittierten Gerichten, hochprozentigem Alkohol und Kaffee sollte stark eingeschränkt werden.

Anzeichen für den Leberenergiestau

- Kloßgefühl im Hals
- Schmerzen in den Leisten oder unterhalb des Rippenbogens
- Wechselhafte, depressive Stimmungslage
- Kalte Fußsohlen und Handflächen
- Schmerzhafte Spannungen in der Brust
- Unregelmäßige Periode

Ernsthafte Gesundheitsbeschwerden sollten Sie natürlich immer zunächst von einem Arzt abklären lassen, bevor Sie sie durch die Ernährung zu beeinflussen suchen. Die Fünf-Elemente-Küche kann dann eine wertvolle Unterstützung sein, die innere Harmonie wiederherzustellen.

Ein Stau im Funktionskreis Gallenblase kann mit Entscheidungsschwierigkeiten einhergehen, und ein Lungenenergiestau kann sich durch unregelmäßige Atmung und Kurzatmigkeit bemerkbar machen. Das Herz ist u. a. dafür zuständig, das Blut zu bewegen, und das Blut wiederum ist u. a. Träger der Energie. Entstehen im Energiefluss Blockaden, betrifft die Störung häufig auch den Blutfluss.

Mögliche Ursachen

Zu enge Kleidung, flache, schwache Atmung, Stress, Sorgen, Angst, Verkrampfung, Schock und allgemein psychische Anspannungen können die Energie ins Stocken bringen. Unregelmäßige oder fehlerhafte Ernährung sowie Operationsnarben, Verletzungen und Knochenbrüche gelten ebenfalls als mögliche Ursache von Staus im Körper.

Ein Energiestau kann verbunden sein mit Spannungen oder Schmerzen, die kommen und gehen und innerhalb des Körpers wandern können. Eine Blutstagnation macht sich dagegen durch stechende, anhaltende Schmerzen an einem bestimmten Ort im Körper bemerkbar und ist oft auch als Schwellung tastbar.

Gegenmaßnahmen: Es wird eine Behandlung empfohlen, die Bewegung in den Energie- und Blutfluss bringt, z. B. durch scharfe Kräuter, Gymnastik und Akupunktur.

Yin/Yang-Ungleichgewichtszustände

Anzeichen einer Yin-Fülle

Zu einer Yin-Fülle kommt es, wenn sich die Kälte im Körper vermehrt und dadurch die Organe des mittleren Erwärmers geschwächt werden. Die Milz, die für die Gewinnung der Essenzen aus der Nahrung zuständig ist, kann nicht mehr optimal arbeiten. Säfte, die sonst ausgeschieden würden, bleiben im Körper und machen sich als Übergewicht mit Wasseransammlungen bemerkbar. Das kann alle Körperfunktionen, wie z.B. Bewegung oder geistige Aktivitäten, verlangsamen. Die Hauptsymptome einer Yin-Fülle sind Erkältungsanfälligkeit, Schwere in Armen und Beinen und breiig-wässriger Durchfall.

So hilft die Fünf-Elemente-Küche

Bei diesem Ungleichgewichtszustand sind die Ratschläge, wie unter Yang-Mangel beschrieben, anzuwenden. Außerdem sind bei bestehendem Übergewicht mit Neigung zu Durchfall bittere, trocknende und scharfe Kräuter und Gewürze anzuraten, z.B. Thymian, Rosenpaprika, Cayennepfeffer oder Zimt. Ebenso eignen sich Hirse und Naturreis, getoastetes Brot, Dinkelzwieback, Kakaoschalen-, Yogi- und Ingwertee, um die überschüssigen Säfte im Körper zu reduzieren. Zu vermeiden sind die unter dem Abschnitt Yang-Mangel aufgeführten Dinge.

Anzeichen eines Yin-Mangels

Leicht erkennbare Anzeichen eines Yin-Mangels sind gerötete Wangen, Schwindelzustände, Ohrensausen, Unruhe, Schlafstörungen, heiße Fußsohlen und Nachtschweiß, Substanzverminderung, vermehrter Durst, trockener Mund und trockene Haut mit Neigung zur Faltenbildung. In all diesen Fällen bedarf die Uressenz des Menschen einer aufbauenden Behandlung.

Bei einem Yin-Mangel ist alles Austrocknende zu vermeiden. In der Ernährung sind das vor allem die Genussmittel wie Nikotin, Kaffee, Schwarztee und Alkohol. Bei der Freizeitgestaltung wirken sich die an sich gesunden Saunabäder oder schweißtreibende Sportarten eher negativ aus.

Ein Yin-Mangel geht immer einher mit einer Verringerung der Körperflüssigkeiten, einer Substanzverminderung und Hitzeanzeichen. Bei einem Blutmangel dagegen steht eine qualitätsmäßige Veränderung der Blutmenge im Vordergrund.

So hilft die Fünf-Elemente-Küche

Anzuraten sind z. B. natursüße Speisen, belebte Mandeln (siehe Seite 31), Gerstenmalz, gekochtes, erfrischendes Gemüse (Blaukraut, Weißkraut, Spargel) und Kompotte. Gekochtes kann vom Körper leichter umgewandelt werden als Rohkost. Auch die gegen Blutmangel empfohlenen Lebensmittel helfen. Viel Schlaf und Ruhe erleichtern den Yin-Aufbau.

Anzeichen eines Blutmangels

Bei einem Blutmangel können sich folgende Symptome zeigen: blasse durchsichtige oder gräuliche Gesichtsfarbe, spröde, glanzlose Haare, Einschlafschwierigkeiten, Lichtempfindlichkeit der Augen, tränende Augen, des Öfteren eingeschlafene Gliedmaßen und Muskelkrämpfe. Auf emotionaler Ebene können Ängstlichkeit, Nervosität oder Reizbarkeit beobachtet werden. Auf den Blutaufbau ist täglich zu achten, insbesondere bei blassen Personen und bei Frauen während der Menstruation.

So hilft die Fünf-Elemente-Küche

Anzuraten sind grüne Gemüse, Fleischbrühen und Kompotte. Weitere Empfehlungen für blut- und yin-aufbauende Nahrungsmittel siehe Klappeninnenseiten am Anfang dieses Buches.
Zu vermeiden sind Kaffee, Schwarztee, Rotwein, Knäckebrot, Zwieback, gebratenes Fleisch sowie Schlafmangel, geistige Überanstrengung, Stress und Nikotingenuss.

Die schnelle Zubereitung im Wok eignet sich besonders dazu, einer Yang-Fülle entgegen zu wirken. Wichtig ist dabei die gute Vorbereitung: Alle verwendeten Zutaten müssen bereits vorher sehr fein geschnitten und gehackt werden, um die Garzeiten wirklich kurz zu halten und während des Kochens alles sofort zur Hand zu haben.

Anzeichen einer Yang-Fülle

Leicht erkennbare Anzeichen einer Yang-Fülle sind warmes Körperempfinden, rote Ohren, roter Kopf, temperamentvolles, eher lautes Wesen, eventuell Übergewicht, spärlicher, dunkler Urin, Neigung zu Verstopfung. Es können Schlafstörungen, Reizbarkeit, innere Unruhe und überaktives Verhalten auftreten.

So hilft die Fünf-Elemente-Küche

Empfehlenswerte Lebensmittel sind erfrischende, gedünstete, blanchierte oder im Wok zubereitete Gemüsesorten, gekochte Gerste und Kompotte. Denn Gekochtes baut am schnellsten Yin auf und Erfrischendes senkt das Yang. Auch können Rohkost und Obst verzehrt werden, um die Hitze zu senken. Mineralwasser, Früchte-, Pfefferminz-, Lemongras- sowie grüner Tee und Apfelsaftschorle helfen ebenso, das Yang zu kühlen.

Zu vermeiden sind alles Erhitzende wie geräuchertes, gepökeltes und gebratenes Fleisch, Kaffee, Alkohol (besonders hochprozentiger sowie Rotwein), Rauchen, scharfe Gewürze, Stress und Schlafmangel und zu warme Kleidung.

Anzeichen eines Yang-Mangels

Leicht erkennbare Anzeichen eines Yang-Mangels sind häufig kalte Hände und Füße (wobei die Kälte ausstrahlt bis zum Gesäß), blasses Gesicht, eventuell Ängste und Süßhunger. Ein zurückhaltendes, »gebremstes« Wesen und allgemein verminderte Aktivität sind ebenfalls Zeichen eines Yang-Mangels.

So hilft die Fünf-Elemente-Küche

Anzuraten sind täglich drei warme, angebratene Mahlzeiten, z.B. Gemüse, mit Getreide oder Fleisch zubereitet (angereichert mit erwärmenden Kräutern und Gewürzen), erwärmende Getränke, vor allem Fenchel-, Anis-, Ingwer-, Muu- und Yogitee, mit warmem Wasser vermischter roter Trauben- oder Kirschsaft.

Zu vermeiden sind rohes, kaltes, abkühlendes Essen (z.B. Südfrüchte, Tomaten, Gurken, Milchprodukte mit Ausnahme von Butter und Sahne, Tofu und Weizen) ebenso wie überwiegend wertloses Essen (z.B. Tiefkühlkost, weil diese abkühlender wirkt als frisch zubereitetes Essen), übermäßig viel Trinken, vor allem Mineralwasser und andere abkühlende Getränke.

Um einen Yang-Mangel auszugleichen, helfen unterstützend zu erwärmenden Nahrungsmitteln auch das Tragen von Nierenwärmern aus Angorawolle, Wollsocken und das Auflegen einer Wärmflasche auf den Bauch.

Getränke spielen bei der Fünf-Elemente-Ernährung eine wichtige Rolle. Sie können erwärmend oder abkühlend wirken und können somit unser Wohlbefinden beeinflussen.

Besonders Kinder brauchen nach chinesischer Auffassung ausreichende Mengen an Lebensmitteln aus dem Erdelement. Günstig sind für sie viel gegartes Gemüse, kleine Mengen gekochtes Getreide und kleine Portionen Fleisch oder Fleischbrühe.

Durch ausgleichende Nahrung vorbeugen

Werden Ungleichgewichtszustände im Bereich von Yin (z. B. Substanzverlust) oder Yang (z. B. Energielosigkeit, Überaktivität) rechtzeitig als Krankheitsvorzeichen erkannt und über Ernährung, Bewegung und geeignete therapeutische Behandlungen behoben, hat das einen enormen Wert für unsere Gesundheit. Wenn wir rechtzeitig ausgleichen, werden wir seltener krank, und Krankheiten können sich nicht so stark festsetzen; dadurch steigt unser positives Lebensgefühl.

Aufbauende Lebensmittel

Was die Energie steigert

Am leichtesten lässt sich Energie über den süßen Geschmack aufbauen. Die Milz kann sich in dieser Beziehung über unseren Geschmackssinn bemerkbar machen, d. h., wir spüren ein Verlangen nach Süßem.

Die Milz möchte uns veranlassen, geeignete Nahrungsmittel zuzuführen, aus denen sie dann Energie gewinnen kann. Dieser Energieaufbau gelingt am besten aus natürlichen Lebensmitteln, wie sie unten aufgezählt werden. Halten wir diese Regel ein, merken wir schon nach etwa vier bis acht Wochen, dass sich unsere Energie erhöht und sich das Verlangen nach Zuckerzeug (z. B. Pralinen, Schokolade) reduziert.

Besonders empfehlenswert sind folgende Nahrungsmittel:
● Rindfleisch- und Hühnersuppe (siehe im Rezepteteil unter »Erwärmende Fleischsuppe«, Seite 66) sowie ca. 80 Gramm Fleisch täglich

● Getreide: Weizenkeime, Hafer, Haferflocken, Dinkel, Hirse und Reis, zubereitet mit Gemüse oder als Gebäck oder Süßspeise verzehrt

● Hülsenfrüchte: grüne Bohnen, getrocknete Bohnen, Linsen, Erbsen und Kichererbsen

● »Belebte« Mandeln: Sie stärken die Uressenz des Menschen. Man isst davon fünf bis sieben Stück täglich. Mit »beleben« ist Folgendes gemeint: Getrocknete Mandeln werden acht Stunden lang in Wasser gelegt. Diese Behandlung hat die Wirkung, dass die Mandeln wieder wie frisch schmecken und zu 100 Prozent vom Körper verwertet werden können

● Trockenobst: Rosinen und Aprikosen (ungeschwefelt)

● Getränke: Kirschsaft, roter Traubensaft, Muu-Tee, grüner Tee

Was Blut und Yin gut tut

Zum Aufbau von Blut und Yin sind besonders grüne Gemüsesorten geeignet, da das in ihnen enthaltene Chlorophyll zum Blutaufbau beiträgt (alle Gemüse frisch zubereitet, in gekochter Form, da sie so leichter vom Organismus in körpereigene Säfte umgewandelt werden können).

● Kompotte unterstützen besonders stark den Yinaufbau (siehe hierzu Rezept Seite 47).

Wichtige Regel für den Aufbau von Lebensenergie: Fünfmal täglich kleine Mahlzeiten essen, damit der Körper immer aus der soeben verzehrten Nahrung Energie bereitstellen kann.

Anzeichen für Blut- und Yinmangel

● Anämie

● Lichtempfindliche oder tränende Augen

● Häufig eingeschlafene Gliedmaßen

● Muskelkrämpfe

● Einschlafschwierigkeiten

● Innere Unruhe

● Emotionale Verletzlichkeit

● Trockene Haut oder spröde Haare

● Allgemeine Substanzverminderung

- Yin- und blutaufbauend wirken Hirse, Polenta, Gerste und kleine Mengen Fleisch, da sie die Energie liefern, die zum Blutaufbau notwendig ist.
- Ebenso eignen sich als Stärkungsmittel bei Yin- und Blutmangel täglich kleine Mengen von Gerstenmalz, Zuckerrohrmelasse oder Zuckerrübensirup.
- Die folgenden Suppen eignen sich besonders zum Blutaufbau: Hühner- und Rindfleischsuppe, drei Tassen täglich (siehe im Rezepteteil unter »Erwärmende Fleischsuppe« aus Rind- oder Hühnerfleisch, Seite 66).
- Als Getränke werden Kirschsaft, roter Traubensaft oder Rote-Bete-Saft empfohlen.

Auf den Blutaufbau sollte man täglich achten, insbesondere blasse Personen und Frauen, da über die Menstruation viel Blut verloren geht. Aber auch bei streng vegetarischer Ernährung kommt es leicht zu einem Blutmangel, da oftmals die yanghaltigen, erwärmenden Lebensmittel zu den Mahlzeiten fehlen.

Für den Flüssigkeitsausgleich

Lebensmittel mit austrocknender Wirkung

Eine austrocknende Wirkung haben bekanntermaßen eine zu geringe Flüssigkeitszufuhr, besonders kombiniert mit hohem Salzverzehr. Austrocknend wirken aber auch gepökeltes, gebratenes oder geräuchertes Fleisch oder derart behandelter Fisch. Bei den Gewürzen zählen Pfeffer, Curry-, Chilipulver, Oregano und Thymian zu dieser Kategorie. Bei den Getränken bewirken Kakao, Schwarztee, Brombeerblättertee, Rindentee, Kaffee und Rotwein eine Konzentration von Blut und Körpersäften.

Neben der Ernährung haben auch folgende Faktoren eine austrocknende Wirkung: Stress, Nikotingenuss, übermäßige intellektuelle Anstrengungen (zu viel Lesen am Abend, zu viel Fernsehen und Computerarbeit) und Leistungssport. Nach chinesischer Auffassung gilt dies sogar für weiß gestrichene Wände.

Diese Wirkungen sollten besonders von Menschen beachtet werden, die eine Anämie haben, zu trockener Haut neigen, unter trockenem Husten leiden und zu Untergewicht/Substanzverlust (Verminderung von Yin und Blut) tendieren.

Lebensmittel mit befeuchtender Wirkung

Befeuchtend wirken alle Milchprodukte und alle süßen Speisen. Ebenfalls ausgleichend bei Beschwerden, die auf Austrocknung zurückzuführen sind, wirken Südfrüchte aufgrund ihrer thermisch kalten Wirkung sowie das Trinken von großen Mengen Mineralwasser. Dadurch entsteht Kälte, die den Umwandlungsprozess der Flüssigkeit durch die Organe verlangsamt.

Neben den genannten Lebensmitteln haben des Weiteren natürlich feuchte Witterung, Kleidung und Wohnverhältnisse eine befeuchtende Wirkung.

Ein Übermaß an befeuchtenden Nahrungsmitteln schwächt allerdings den mittleren Erwärmer, dem die Organe Milz und Magen zugeordnet sind (vergleiche Abbildung, Seite 12). Die Organe werden überschwemmt und schaffen den Abtransport der Feuchtigkeit nicht mehr. Es entstehen somit Wassereinlagerungen im Gewebe, die zu Übergewicht führen.

Wegen der befeuchtenden Wirkung sollen oben genannte Lebensmittel besonders bei Übergewicht, Ödemen, Mittelohrentzündungen, ständigem Schnupfen und Husten mit Schleim gemieden werden.

Zu meidende Lebensmittel

● Bei der Ernährung sollten wir weitgehend auf synthetische Aromastoffe, Lightprodukte, künstliche Süßstoffe und minderwertige Öle verzichten.

● Als minderwertig gelten auch alle anderen industriell hergestellten Nahrungsmittel, besonders Weißmehl, weißer Zucker und die Produkte, in denen sie enthalten sind.

● Genauso sind Tiefkühlkost, bestrahlte Nahrungsmittel und in der Mikrowelle erhitzte Speisen einzustufen. Dies ist Nahrung, die uns sättigt, aber keine Energie zur Verfügung stellen kann. Die Lebensmittel sind durch die Behandlung nicht mehr vollwertig, ihre Vitalkraft ist zerstört worden.

Lesen Sie aufmerksam die Angabe der Inhaltsstoffe beim Lebensmitteleinkauf. Besonders synthetische Aromastoffe sind heute in fast allen Fertigprodukten enthalten, da sich unser Geschmack an intensive Aromen gewöhnt hat und wir natürliche Lebensmittel oft schon als fade empfinden. Lernen Sie das echte Aroma naturbelassener Lebensmittel wieder kennen, und bevorzugen Sie Obst, Gemüse, Fleisch, Kräuter und Gewürze aus kontrolliertem Anbau. Bald werden Sie keine künstlichen Aromastoffe mehr brauchen.

Die Praxis – Kochen nach den Elementen

Beim Kochen nach den Fünf Elementen werden Sie bald erkennen, welch einfache und logische Prinzipien gelten.

Nun haben Sie viel gelesen über die abkühlende, erwärmende, befeuchtende und austrocknende Wirkung von Lebensmitteln. Sie können sich nun selbst beraten.

Nicht immer gibt es eindeutige Ungleichgewichtszustände; es können z. B. Kälte im unteren und Hitze im oberen Rumpfbereich oder Hitze im inneren und Kälte im äußeren Bereich des Körpers auftreten. Dann ist es hilfreich, sich Rat zu holen bei einem Arzt, Heilpraktiker oder Ernährungsberater, der in chinesischer Medizin ausgebildet ist. Im Zweifelsfall ist es die goldene Mitte, eine sehr abwechslungsreiche Ernährung zu wählen, denn so kann am wenigsten verkehrt gemacht werden.

Zutaten und Reihenfolge der Zubereitung

Jedem der Fünf Elemente wird eine Geschmacksrichtung zugeordnet, und über einen bestimmten Geschmack wiederum wird ein bestimmtes Organ angesprochen.

Die Idee des Fünf-Elemente-Kochens besteht darin, Zutaten aller fünf Geschmacksrichtungen an ein Gericht zu geben, möglichst in der Reihenfolge, die identisch ist mit dem Ablauf der Energieversorgung der Organe (siehe Abbildung, Seite 35). So soll jeder organische Funktionskreis angesprochen und eine Harmonisierung von Körper, Seele und Geist erreicht werden. Zu beachten sind beim Kochen nach den Fünf Elementen Auswahl der Zutaten, Reihenfolge und Art der Zubereitung. Gelingt es nicht, Lebensmittel aller Elemente zu verwenden, können sie durch Beilagen, Salate oder Getränke ergänzt werden.

Falls Sie nach einem längeren Zeitraum der Selbstbeobachtung feststellen, dass ein Lebensmittel bzw. Getränk zu Ihnen besonders gut passt, können Sie es vermehrt in Ihren Speiseplan einbauen.

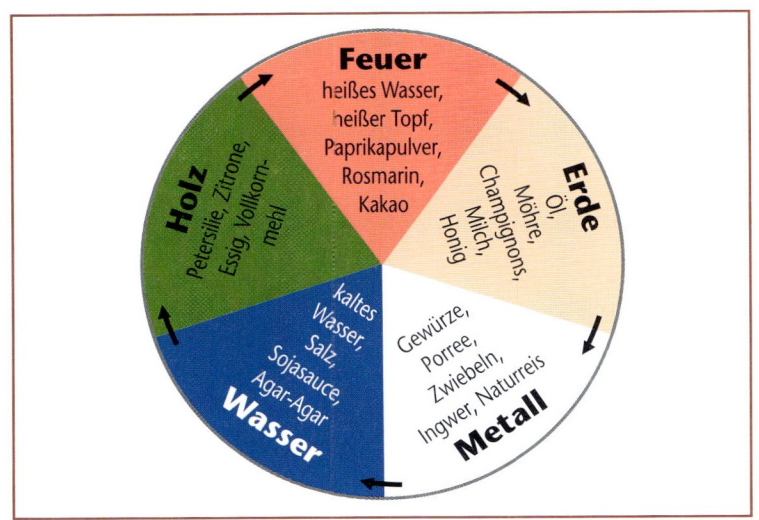

Jedem Element sind bestimmte Lebensmittel zugeordnet. Vergleichen Sie dabei auch die Tabelle auf Seite 38ff.

Auch die Farben zählen

Das Fünf-Elemente-Kochen kann auch mit der Zugabe von verschiedenfarbigen Lebensmitteln je nach ihrer Zugehörigkeit zu den Fünf Elementen erfolgen:

- Grün steht für das Holzelement (z. B. Petersilie)
- Rot steht für das Feuerelement (z. B. Paprikapulver)
- Gelb steht für das Erdelement (z. B. Möhre)
- Weiß steht für das Metallelement (z. B. Reis)
- Blauschwarz steht für das Wasserelement (z. B. Algen)

Unterschiedliche Zubereitungsarten

Erfrischendes, yinisierendes Kochen

In Wasser gedünstete Speisen haben eine erfrischende Wirkung; dies ist die Zubereitungsart an warmen Tagen. Sie sollte auch von Personen, die zu ständiger Hitze neigen, angewendet werden. Ebenso erfrischend wirken kurze Kochzeiten, Gebratenes aus dem Wok und das Garen im Schnellkochtopf.

Sie müssen bei einer Umstellung auf die Fünf-Elemente-Küche nicht unbedingt auf Ihre Lieblingsgerichte verzichten. Analysieren Sie die Rezeptzutaten im Hinblick auf ihre Zugehörigkeit zu den Elementen, und ergänzen Sie dann Fehlendes bzw. stellen die Reihenfolge der Zubereitung um.

Stark yangisierend wirken Fleisch und Gemüse, die frittiert wurden. So eignet sich in Teig ausgebackenes Gemüse gut als erwärmende Beilage in der kalten Jahreszeit.

Erwärmendes, yangisierendes Kochen

Geröstete, gegrillte und angebratene Gerichte bringen über die verstärkte Hitzebehandlung mehr Wärmeenergie in den Körper. Diese Zubereitungsarten sind geeignet für die kühlen Tage und für Menschen, denen häufig kalt ist. Lange Kochzeiten bei niedrig geschalteter Herdplatte, das Zubereiten im Backofen und die Verwendung von Alkohol, scharfen Gewürzen und Kräutern erhöhen die Wärmeenergie der Speisen.

Der Ablauf des Kochvorgangs

Zwei Startmöglichkeiten bieten sich an:
- Heißer Topf, heißes Wasser (Feuerelement)
- Kalter Topf, kaltes Wasser (Wasserelement)

Man beginnt z. B. mit dem Feuerelement, d. h., als erstes werden Topf oder Pfanne leicht erhitzt. Dann eröffnet eine Zutat aus dem Erdelement, meist Öl oder ein Gemüse, den Reigen. Nach jeder Zutat rühren Sie bitte kurz um. Es dürfen pro Element auch mehrere Zutaten genommen werden. Als nächstes ist das Metallelement an der Reihe, typischerweise Gewürze. Beim nächsten, dem Wasserelement, bietet sich entweder Wasser selbst oder Salz an. Für das sich anschließende Holzelement finden sich Zitrone, Essig oder Petersilie. Der Kreis hat sich somit geschlossen.

Gut geeignet für die Fünf-Elemente-Küche sind Töpfe aus Gusseisen, Edelstahl oder Töpfe mit emaillierter Oberfläche. Ebenfalls günstig ist Glas- und Keramikgeschirr mit bleifreien Glasuren. Vermeiden sollte man Teflonbeschichtungen, die mit der Zeit verkratzen, und Aluminiumtöpfe, die von Säuren angegriffen werden.

Falls Sie nachwürzen wollen, wird die Speise noch energiebringender, wenn Sie den Fünf-Elemente-Kreislauf wiederholen, eventuell mit anderen, fehlenden Zutaten ergänzen. Selbst die Zugabe von jeweils kleinen Mengen bringt das entsprechende Element zur Geltung.

Wie bereits erwähnt, soll beim Kochen kein Element übersprungen werden; jedoch ist es erlaubt, bei der Reihenfolge der Zugaben auch einmal einen Schritt rückwärts zu gehen. Dann muss das nach hinten übersprungene Element beim Weiterkochen allerdings nochmals verwendet werden.

Die Wirkung bewusst steuern

Welches Körperorgan durch eine jeweilige Speise am meisten gestärkt wird, entscheidet das Element, mit dem wir den Kreislauf beim Kochen beenden. Möchte z. B. jemand seine Reaktionsfähigkeit anregen, sollte für ihn das Wasserelement den Abschluss bilden. Wenn das Feuerelement abschließt, kommt das unserer Stimmungslage zugute. Wir bekommen ein heiteres Gemüt. Das Erdelement stärkt besonders Milz und Magen.

Die Zuordnung zu den Elementen

Wenn Sie nun Gefallen an der Fünf-Elemente-Ernährung gefunden haben und weiter experimentieren möchten, ist dies ganz einfach, auch wenn Sie nicht alle Lebensmittel in der Liste finden. Jede Person kann selbst eine Geschmackszuordnung vornehmen. Überwiegend sauer schmeckende Lebensmittel zählen zum Holzelement, bitter schmeckende zum Feuerelement, süß schmeckende zum Erdelement, scharf schmeckende zum Metallelement und salzig schmeckende zum Wasserelement.

Die thermische Wirkung

Wollen wir die thermische Wirkung von Lebensmitteln und Getränken erfahren, ist die einfachste Lösung die, dass wir entsprechende Lebensmittel oder Getränke eine Woche lang überwiegend zu uns nehmen. Danach überprüfen Sie bitte Ihre Haut, den Stuhlgang und Ihr Wärmeempfinden.

Hat das Lebensmittel eine trocknende Eigenschaft, macht sich eine Neigung zu Verstopfung, trockener Haut und trockenen Schleimhäuten bemerkbar. Hat das Lebensmittel eine befeuchtende Wirkung, zeigt sich dies an einer Gewichtszunahme mit Neigung zu Durchfall. Es wird sich auch herausstellen, ob Ihnen nach dieser Woche eher warm oder kalt ist.

Sollte Ihnen das Kochen nach den Fünf Elementen anfangs schwer umsetzbar erscheinen, so beginnen Sie die Umstellung einfach damit, dass in den bisher verwendeten Rezepten alle Geschmacksrichtungen, von sauer (z. B. Essig, Zitrone), bitter (z. B. Paprikapulver, Kakaopulver), süß (z. B. Vanillepulver, Kümmel), scharf (z. B. Pfeffer) bis salzig (z. B. Salz, kaltes Wasser), enthalten sind. So werden alle Organe angesprochen.

Um alle Fünf Elemente und Geschmacksrichtungen in einem Gericht zu berücksichtigen, muss man natürlich mit der Zuordnung der einzelnen Zutaten vertraut sein. Nach kurzer Eingewöhnungszeit werden Sie selbst in der Lage sein, die Zugehörigkeit eines Nahrungsmittels einzuschätzen und müssen nicht mehr in der folgenden Liste nachschlagen.

Das Element Holz

Geschmack	sauer
Farbe	grün
Eigenschaften	bewahrt die Säfte, zieht zusammen
Zugeordnete Organe	Leber, Gallenblase

Warm

Fleisch:	Huhn
Getränke:	Kirschsaft
Getreide:	Grünkern
Kräuter/Gewürze:	Essig, Petersilie
Obst:	Granatapfel, Kumquat

Neutral

Getränke:	Hagebuttentee
Getreide:	Bulgur, Couscous, Dinkel
Obst:	Brombeere, Heidelbeere

Erfrischend

Fleisch:	Ente
Gemüse:	Alfalfasprossen, Kapuzinerkresse, Sauerkraut, Sprossen (Hülsenfrüchte)
Getränke:	Brottrunk, Champagner, Hibiskustee, Malventee, Melissentee, Prosecco, Sekt, Weißwein, Weizenbier
Getreide:	Weizen
Milchprodukte:	Dickmilch, Frischkäse, Kefir, Quark, Sauermilch, Sauerrahm
Obst:	Apfel (sauer), Erdbeere, Heidelbeere, Johannisbeere, Mandarine, Orange, Preiselbeere, Sauerkirsche, Stachelbeere

Kalt

Gemüse:	Mungbohnensprossen, Sauerampfer, Tomate
Getreide:	Weizen (gekeimt), Weizenkleie
Milchprodukte:	Joghurt
Obst:	Ananas, Kiwi, Rhabarber, Zitrone

Das Element Feuer

Geschmack	bitter
Farbe	rot
Eigenschaften	trocknet aus, leitet nach unten
Zugeordnete Organe	Herz, Dünndarm

Heiß

Fleisch:	Hammel, Lamm, Schaf, Ziege, grundsätzlich alle gegrillten Fleischsorten
Getränke:	Bitterlikör, Cognac, Glühwein

Warm

Gemüse:	Rosenkohl
Getränke:	Getreidekaffee, Bohnenkaffee, Rotwein
Kräuter/Gewürze:	Basilikum (frisch), Beifuß, Bockshornkleesamen, Kakao, Kurkuma (Gelbwurz), Mohn, Oregano (frisch), Rosenpaprika, Rosmarin (frisch), Thymian (frisch), Wacholderbeere, Ysop
Milchprodukte:	Schafskäse, Ziegenkäse, Ziegenmilch

Neutral

Gemüse:	Rote Bete
Getränke:	Schwarztee
Getreide:	Amaranth, Quinoa, Roggen
Salat:	Brennnessel, Eisbergsalat, Endiviensalat, Feldsalat

Erfrischend

Gemüse:	Artischocke, Pastinake,
Getränke:	Altbier, grüner Tee, Pils, heißes Wasser
Getreide:	Buchweizen
Kräuter/Gewürze:	Salbei (frisch)
Obst:	Holunderbeere, Pampelmuse, Quitte
Salat:	Chicorée, Kopfsalat, Löwenzahn, Radicchio, Rucola (Rauke)

Das Element Erde

Geschmack	süß
Farbe	gelb
Eigenschaften	befeuchtet, entspannt, baut Energie auf und verteilt sie, harmonisiert
Zugeordnete Organe	Milz und Magen

Heiß

Kräuter/Gewürze:	Zimtrinde

Warm

Gemüse:	Fenchel, Hokkaidokürbis, Esskastanie, Süßkartoffel, Zwiebel (gekocht oder gebraten)
Getränke:	Anistee, Fencheltee, Honigwein, Kümmeltee, Likör, Portwein
Getreide:	Süßreis, Sago
Nüsse/Samen:	Erdnuss, Kokosnuss, Pinienkerne, Walnuss
Obst:	Aprikose, Granatapfel, Korinthe, Litschi, Pfirsich, Rosine, Süßkirsche
Sonstiges:	Kokosmilch
Speiseöle:	Kürbiskernöl, Rapsöl, Sojaöl

Neutral

Fleisch:	Rind
Gemüse:	Buschbohne, Erbse, Flaschenkürbis, Kartoffel, Kohlrabi, Kürbis, Mais, Möhre, Rotkohl, Steckrübe, Tapinambur, Weißkohl, Wirsing, Yamswurzel
Getränke:	Maishaartee, Süßholztee, Traubensaft (rot und weiß)
Getreide:	Hirse, Maisgrieß
Kräuter/Gewürze:	Safran, Vanille

Milchprodukte:	Butter, Käse, Kuhmilch
Nüsse/Samen:	Haselnüsse, Kürbiskerne, Mandeln, Pistazien, Sesamsamen, Sonnenblumenkerne
Obst:	Aprikose (getrocknet), Dattel (getrocknet), Feige (getrocknet), Pflaume (getrocknet)
Pilze:	Austernpilze, Shiitakepilze, Waldpilze
Sonstiges:	Hühnereier
Süßmittel:	Gerstenmalz, Honig, Reismalz, Rohrzucker

Erfrischend

Gemüse:	Aubergine, Bleichsellerie, Blumenkohl, Brokkoli, Champignon, Chinakohl, Mangold, Paprika, Schwarzwurzel, Sellerie, Spargel, Spinat, Zucchini
Getränke:	Apfelsaft, Birnensaft, Gemüsesaft (z. B. Möhren-, Sellerie-, Weißkohlsaft), Kamillentee
Getreide:	Gerste, Perlgraupe
Kräuter/Gewürze:	Estragon (frisch), Pfeilwurzelmehl
Milchprodukte:	Sahne
Nüsse/Samen:	Cashewnuss
Obst:	Apfel (süß), Banane, Birne, Honigmelone, Weinbeeren (rot und weiß)
Sojaprodukte:	Sojamilch, Tofu
Speiseöle:	Olivenöl, Sesamöl, Sonnenblumenöl, Weizenkeimöl, Maiskeimöl
Süßmittel:	Sirup (alle Sorten), Zucker (weiß)

Kalt

Gemüse:	Bambussprossen, Salatgurke, Wasserkastanie
Hülsenfrüchte:	Mungbohnensprossen, Sojabohnensprossen
Obst:	Avocado, Honigmelone, Kaki, Karambole, Mango, Papaya, Wassermelone

Das Element Metall

Geschmack	scharf
Farbe	weiß
Eigenschaften	löst Stagnationen, leitet nach oben und außen
Zugeordnete Organe	Lunge, Dickdarm

Heiß

Fleisch:	Hirsch
Getränke:	Alkohol (hochprozentig), Yogitee
Kräuter/Gewürze:	Cayennepfeffer, Chili, Currypulver, Ingwer (getocknet), Knoblauch, Pfeffer, Piment
Milchprodukte:	Schimmelkäse

Warm

Fleisch:	Fasan, Rebhuhn, Reh, Wildhase, Wildschwein
Gemüse:	Frühlingszwiebel, Porree, Meerrettich, Zwiebeln (roh), Schalotte
Getränk:	Reiswein
Getreide:	Hafer
Kräuter/Gewürze:	Basilikum (getrocknet), Kumin (Kreuzkümmel), Dill (frisch), Estragon (getrocknet), Ingwer (frisch), Kardamom, Koriander, Kümmel, Liebstöckel, Lorbeer, Majoran, Marsala, Muskat, Oregano (getrocknet), Rosmarin (getrocknet), Schnittlauch, Senfsamen, Sternanis, Thymian (getrocknet)
Milchprodukte:	Harzer Käse, Münster Käse

Neutral

Fleisch:	Gans, Kaninchen (wild), Pute, Wachtel
Gemüse/Getreide:	Reis, Rettich (schwarz)

Erfrischend

Fleisch:	Kaninchen (gezüchtet)
Gemüse:	Radieschen, Rettich (weiß)
Getränke:	Pfefferminztee
Kräuter/Gewürze:	Kresse, Radieschensprossen

Das Element Wasser

Geschmack	salzig
Farbe	blauschwarz
Eigenschaften	weicht auf, leitet nach unten
Zugeordnete Organe	Nieren und Blase

Warm

Fisch:	Aal, Garnele, Hummer, Kabeljau, Languste, Scholle, Shrimps, Sardelle, Thunfisch, alle geräucherten Fischsorten
Fleisch:	geräuchertes, gepökeltes und luftgetrocknetes Fleisch (z. B. Bündner Fleisch, Parmaschinken)
Obst:	Oliven (gesalzen und eingelegt)

Neutral

Fisch:	Barsch, Forelle, Karpfen, Lachs
Fleisch:	Schwein
Getränke:	Schwarzer Sojabohnentee
Hülsenfrüchte:	Adzukibohne, Erbse, Linse (z. B. Beluga-, Berg-, Mignonlinse), Gelbe Sojabohne, Hokkaidobohne, Rote Bohne, Schwarze Sojabohne, Saubohne
Kräuter:	Miso

Erfrischend

Fisch:	Austern, Tintenfisch
Getränke:	Quellwasser, stilles Wasser,
Hülsenfrüchte:	Kichererbse, Mungbohne

Kalt

Algen:	Hijiki, Kombu, Nori, Wakame
Fisch:	Kaviar, Krabbe, Krebs, Miesmuschel
Getränke:	Mineralwasser (mit Kohlensäure)
Kräuter/Gewürze:	Agar-Agar, Salz, Sojasauce (Tamari)

Rezepte der Fünf-Elemente-Küche

Jedes Lebensmittel wird in der Fünf-Elemente-Ernährung einem bestimmten Element zugeordnet. Nehmen Sie sich die Tabellen ab Seite 38 zu Hilfe – so fällt das Einkaufen und Kochen leichter.

Bei der Ernährung nach den Fünf Elementen wird jedes Lebensmittel einem bestimmten Element bzw. einer Farbe zugeordnet:

- 🔴 rot – Feuer
- 🟡 gelb – Erde
- ⚪ weiß – Metall
- 🔵 blauschwarz – Wasser
- 🟢 grün – Holz

Im theoretischen Teil haben Sie Grundlegendes über die Ernährung nach den Fünf Elementen erfahren. Wählen Sie nun im Rezeptteil die für Ihre Bedürfnisse passenden Gerichte und Getränke aus. Die Wirkungen einzelner Gerichte können sich, nach den Regeln der Fünf-Elemente-Ernährung, durch Kombination mit anderen Gerichten oder Getränken oder dem Zusatz bestimmter Zutaten ergänzen, aufheben oder verstärken.

Anleitung zum Kochen im Kreislauf

Entschließen Sie sich zum Kochen nach den Fünf Elementen, müssen Sie zunächst natürlich wissen, welchem Element jede Zutat zugeordnet ist. Halten Sie sich dabei an die Tabellen auf Seite 38ff. Alle Zutaten werden dann dem Kreislauf auf Seite 35 folgend Feuer-Erde-Metall-Wasser-Holz-Feuer u.s.w. dem Gericht zugegeben. Zur besseren Übersicht ist in dem folgenden Rezepteteil jede Zutat mit der für das jeweilige Element zugeordneten Farbe gekennzeichnet (siehe Randspalte).

In der Randspalte sind die Zutaten in der Reihenfolge aufgelistet, wie sie für das Rezept vorbereitet werden. Das kann unter Umständen vom Zyklus der Elemente abweichen. Die Zugabe zum Gericht folgt dann allerdings dem Fünf-Elemente-Kreislauf. In dem beispielhaften Rezept auf Seite 45 wird noch einmal ausführlich erklärt, welchem Element jeder Kochvorgang zugeordnet wird. So können Sie den Kochprozess leicht verfolgen, was besonders am Anfang sehr hilfreich ist.

Bei dem »Chinesischen Mischgemüse« beginnen Sie mit dem Element Feuer, verfolgen während des Kochens den Zyklus der Elemente und schließen ihn wieder mit dem Element Feuer.

Chinesisches Mischgemüse

1 Das Gemüse waschen, putzen und in kleine Stücke schneiden. Eine Pfanne erhitzen (Feuer), das Öl dazugießen (Erde), das Gemüse (Erde und Metall) darin anbraten und 5 bis 10 Minuten dünsten.

2 Pfeffer, Kurkuma und Chilipulver (alle Metall), Salz (Wasser), Essig (Holz), Paprikapulver, heißes Wasser und Bockshornkleesamenpulver (alle Feuer) zugeben und weitere 5 Minuten garen.

Für 4 Portionen

- 800 g gemischtes Gemüse
- 150 g Porree
- 1 EL Öl zum Braten
- Pfeffer aus der Mühle
- 1 Prise Kurkuma
- 1 Prise Chilipulver
- Salz
- 1 TL Essig
- 1 Prise Paprikapulver
- 3 EL heißes Wasser
- 1 Prise Bockshornklee-samenpulver

Frühstücke

Eine Ernährungsumstellung kann mit einer Veränderung des Frühstücks beginnen. Neuerungen sind hierbei verhältnismäßig leicht durchzuführen, weil nicht gleich die ganze Familie mitmachen muss. Wenn Sie leicht frieren, wählen Sie ein erwärmendes Frühstück aus; den Erfolg werden Sie spüren. Falls Sie morgens Ihr gewohntes Brotfrühstück beibehalten wollen, meiden Sie Weißbrot und herkömmliche, mit viel Zucker zubereitete Marmelade. Ein pikantes Frühstück aus Vollkornbrot mit Butter und Kräutern, wie z. B. Kresse, Schnittlauch oder Meerrettich, wirkt energiespendend und anregend.

Erfrischendes Frühstück

1 Die Möhren putzen und fein raspeln. Die Äpfel waschen, trockentupfen und grob raspeln. Den Dill waschen und klein schneiden.
2 Alle Frühstückszutaten der Reihenfolge nach in eine Schüssel geben, miteinander vermischen und sofort servieren.

Wirkung:
Erfrischend, belebend und energiespendend

Pro Portion
854/204 kJ/kcal • 7 g Eiweiß
9 g Fett • 23 g Kohlenhydrate
4 g Ballaststoffe
9 mg Cholesterin

Für 4 Portionen

- 2 Möhren
- 2 Äpfel
- 1 EL Dill
- 2 EL Sonnenblumenkerne
- 1 EL Honig
- 4 EL Haferflocken
- 2 EL Wasser
- 300 g Naturjoghurt
- 1 EL Zitronensaft
- 1 Prise Paprikapulver

Für 4 Portionen

- 1 l heißes Wasser
- 240 g feiner Maisgrieß (Polenta)
- 1 EL Rohrzucker
- 2 TL Butter
- 2 EL Rosinen
- 2 EL Honig

Polentafrühstück

1 Das Wasser in einem Topf erhitzen. Den Maisgrieß mit einem Schneebesen einrühren.
2 Den Zucker und die Butter zugeben und unter ständigem Rühren zum Kochen bringen; weiter rühren, bis der Brei eine dicke Konsistenz hat. Vorsicht, Maisbrei spritzt umso heftiger, je dicker er wird. Vom Herd nehmen und zugedeckt 10 Minuten quellen lassen.

3 Die Rosinen und den Honig darunter rühren.

Wirkung:
Harmonisiert die Mitte, stärkt Milz und Magen, befeuchtend, energiespendend

Pro Portion
1240/294 kJ/kcal • 5 g Eiweiß
5 g Fett • 57 g Kohlenhydrate
5 g Ballaststoffe
6 mg Cholesterin

Knusperflocken

1 Die Haselnüsse grob reiben und unter Rühren in einer trockenen Pfanne kurz rösten.
2 Die Butter zugeben und bei schwacher Hitze heiß werden lassen. Die Haferflocken in der Pfanne verteilen und unter ständigem Rühren knusprig bräunen.
3 Die Flockenmasse in eine Schüssel geben und etwas erkal-

ten lassen. Honig darüber geben und vermengen.

Wirkung:
Energiespendend, mit Apfelkompott auch befeuchtend

Pro Portion
2012/481 kJ/kcal • 10 g Eiweiß
29 g Fett • 45 g Kohlenhydrate
5 g Ballaststoffe
39 mg Cholesterin

Für 8 Portionen

- 150 g Haselnüsse
- 125 g Butter
- 250 g grobe Haferflocken
- 250 g feine Haferflocken
- 2 EL Honig

Tipp Dieses Frühstück kann kalt oder warm gegessen werden. Im Winter empfiehlt sich die Zugabe von Zimt, Sternanis oder geriebenem Ingwer, um die erwärmende Wirkung zu verstärken. Die Knusperflocken schmecken auch mit Apfelkompott gut; mit Apfelkompott verzehrt wirkt dieses Frühstück gleichermaßen stärkend auf Yin und Yang.

Kompottfrühstück mit Getreide

1 Das Getreide mit so viel warmem Wasser bedecken, bis das Wasser 1 Zentimeter höher als das Getreide steht. Aufkochen und bei schwacher Hitze etwa 25 bis 30 Minuten quellen lassen.

2 Das Obst entkernen. Das Fruchtfleisch klein schneiden.

3 Das Wasser erwärmen, mit dem Fruchtsaft aufkochen lassen. Das Obst zugeben und 5 Minuten bei schwacher Hitze kochen; das Kompott durch ein Sieb streichen.

4 Das Kompott mit Zimt, Salz und Zitronensaft, Rotwein oder Kakao würzen. Mit Getreide und Mandelmus servieren.

Wirkung:

Getreide dient dem Energieaufbau; das Kompott wirkt befeuchtend und dient dem Yin-Aufbau

Pro Portion

1576/376 kJ/kcal • 8 g Eiweiß
14 g Fett • 54 g Kohlenhydrate
6 g Ballaststoffe
0 mg Cholesterin

Getreide:
- 150 g Hirse, Mochi- oder Rundkornreis, Gerstengraupen oder Bulgur
- warmes Wasser

Kompott:
- 4 Äpfel, Birnen oder Pfirsiche
- 1/4 l Wasser
- 1/2 l Apfel-, Trauben- oder Birnensaft
- Zimt oder Sternanis
- 1 Prise Salz
- 1 TL Zitronensaft
- etwas Rotwein oder Kakao
- Mandel- oder Sesammus

Die Knusperflocken können auch auf Vorrat hergestellt werden. In einem fest verschlossenen Gefäß sind sie etwa drei Wochen haltbar.

Für 8 Portionen

- 100 g Rosinen
- 50 g Sonnenblumenkerne
- je 25 g Walnüsse, Mandeln und Haselnüsse
- 30 g Kokosflocken
- 500 g grobe Haferflocken
- 500 g feine Haferflocken

Müslimischung auf Vorrat

1 Aus den Rosinen, den Sonnenblumenkernen, den gehackten Walnüssen, Mandeln und Haselnüssen, den Kokosflocken und den Haferflocken eine Müslimischung herstellen.

2 Zum Frühstück etwa 100 Gramm davon mit Fruchtsaft übergießen und verzehren. Die Mischung hält sich in einem gut schließenden Behälter einige Wochen.

Wirkung:
Energieaufbauend

Pro Portion
2562/612 kJ/kcal • 19 g Eiweiß
20 g Fett • 89 g Kohlenhydrate
10 g Ballaststoffe
0 mg Cholesterin

Bei getrockneten Weinbeeren unterscheidet man zwischen den Rosinen, die noch kleine Kerne enthalten, und den Korinthen, die kernlos sind. Rosinen sind größer, weicher und heller in der Farbe als Korinthen und werden häufig geschwefelt.

Tipp Werden die Haferflocken, Sonnenblumenkerne, Mandeln, Haselnüsse und Walnüsse geröstet, intensiviert sich die wärmende Wirkung des Frühstücks. Dazu geben Sie Flocken, Kerne und Nüsse in eine beschichtete Pfanne ohne Fett und lassen sie unter Rühren bräunen. Frierende Personen können das Müsli mit Zimt, Sternanis oder geriebenem Ingwer würzen, um die wärmende Wirkung zu verstärken.

Tipp Haferflocken wirken anregend. Wer nervös ist und leicht eine innere Unruhe verspürt, sollte deshalb keine Haferflocken essen, sondern eher Dinkel- oder Gerstenflocken bevorzugen. Letztere sollten vor dem Verzehr etwa 10 Minuten in Obstsaft eingeweicht werden, da sie härter sind als Haferflocken.

Info Im Mittelalter stand der Hafer an der Spitze des Konsums aller Getreidesorten. Auch heute noch wird Hafer gern in der Küche verwendet, denn er liefert große Mengen an wertvollem Eiweiß. Hafer hat außerdem einen positiven Einfluss auf den Blutcholesterinwert, denn das Getreide liefert bis zu 40 Prozent seines Fettgehalts in Form von ungesättigten Fettsäuren. Weiterhin ist Hafer reich an Vitaminen des B-Komplexes, Kalzium, Eisen, Magnesium und Zink.

Hirsespeise

1 Die Hirse mit heißem Wasser waschen und abtropfen lassen.

2 Einen Topf erhitzen und die Hirse unter ständigem Rühren trocken darin etwa 1 Minute rösten. 1/2 Liter heißes Wasser dazugeben, aufkochen und bei schwacher Hitze 7 bis 12 Minuten garen. Die Hirse in ein feinmaschiges Sieb gießen und mit warmem Wasser abbrausen.

3 Mit den Rosinen und dem Zucker vermischen und mit geschlagener Sahne servieren. Nach Belieben mit Zimt bestreuen. Der Zimt eignet sich als wärmende Zugabe im Winter.

Wirkung:
Baut Energie auf und bringt Standfestigkeit; wirkt befeuchtend auf Haut und Körpersäfte, wenn die Hirse in viel Wasser zu einem Brei gekocht wird; wirkt trocknend, wenn die Hirse geröstet und dann nur kurz gekocht wird, so dass die Beschaffenheit der Körner erhalten bleibt und diese noch viel Biss haben

Pro Portion
2429/580 kJ/kcal • 10 g Eiweiß
27 g Fett • 73 g Kohlenhydrate
4 g Ballaststoffe
82 mg Cholesterin

Für 2 Portionen

- 160 g Hirse
- heißes Wasser
- 2 EL Rosinen
- 1 TL Rohrzucker
- 150 g Sahne
- 1 Prise Zimt nach Belieben

Hirse ist eines der mineralstoffreichsten Getreide der Erde. Sie enthält viel Kieselsäure, die sich günstig auf stabile Knochen, feste Nägel und glänzendes Haar auswirkt. Mochireis ist im Reformhaus oder Naturkosthandel unter dem Namen Süßreis erhältlich und enthält mehr Fett und Eiweiß als normaler Reis. Mochireis wirkt besonders stärkend.

Mochireisbrei

Das Wasser erhitzen. Den Reis waschen, mit den Rosinen und dem Anis in das heiße Wasser geben und zugedeckt bei schwacher Hitze 2 Stunden garen.

Wirkung:
Neutral, besonders energiespendend, stärkt unsere Essenz, kräfteaufbauend, hilft Schwächezustände zu überwinden

Pro Portion
764/183 kJ/kcal • 3 g Eiweiß
0 g Fett • 41 g Kohlenhydrate
2 g Ballaststoffe
0 mg Cholesterin

Für 2 Portionen

- 550 ml heißes Wasser
- 70 g Mochireis
- 2 EL Rosinen
- 10 Körnchen Anis

Tipp Wer es pikant liebt, kann den Mochireisbrei anstelle mit süßen Rosinen und dem Anisgewürz mit Möhren oder Porree zubereiten. Er wirkt dann erwärmend.

Süße Zwischenmahlzeiten

Wenn man den ganzen Tag über fit sein möchte, sollte man mehrere kleine Mahlzeiten essen. Zu empfehlen sind fünf Mahlzeiten: Frühstück, erste Zwischenmahlzeit, Mittagessen, zweite Zwischenmahlzeit und Abendessen. Auf diese Weise bekommt der Körper in gleichmäßigen Abständen Kraft zum Säfte- (Yin) und Energieaufbau (Yang).

Herkömmliche Nachspeisen (z. B. Obst, Eis oder Quarkspeisen) sind in der Fünf-Elemente-Ernährung nicht vorgesehen, da sie nach dieser Theorie eine abkühlende, oft blähende Wirkung haben und dadurch die Verdauung des vorangegangenen Hauptgerichts beeinträchtigen. Die Fünf-Elemente-Ernährung rät stattdessen, diese Nachspeisen als Zwischengericht zu verzehren, das nicht unmittelbar nach der Mittagsmahlzeit, sondern zu einem späteren Zeitpunkt eingenommen wird.

Allerdings wird der Verdauungsvorgang nach einer Hauptmahlzeit mit einer kleinen, süßen Gabe (ein Keks, ein paar Rosinen, eine getrocknete Aprikose) erleichtert und unterstützt.

Die Nachspeise rückt in der Fünf-Elemente-Küche von den Hauptspeisen ab und wird zur eigenständigen Zwischenmahlzeit. So erreichen Sie leicht das Ideal von fünf Mahlzeiten pro Tag.

Vorschläge für einfache Zwischenmahlzeiten
- 1 Glas Obst- oder Gemüsesaft
- 1 Tasse Rinder- oder Hühnerbrühe
- 1 Apfel oder 1 Birne oder 1 Schälchen Kompott
- 5 bis 7 Datteln oder 50 Gramm ungeschwefelte Rosinen
- rohes Gemüse (z. B. Möhren)
- Haferflockenmüsli, mit Saft oder Tee übergossen
- Vollkornbrot mit Aufstrich
- Vollkorngebäck (z. B. Kekse, Müslitaler, Aprikosenschnitten)
- 5 bis 10 »belebte Mandeln«: Die getrockneten Mandeln werden vor dem Verzehr 8 Stunden in Wasser gelegt; laut der Theorie der Ernährung nach den Fünf Elementen stärken die so behandelten Mandeln die Uressenz des Menschen. Anstatt Mandeln kann man auch Haselnüsse, Walnüsse und Cashewnüsse »beleben«.

Süßer Gerstengraupensalat

Für 4 Portionen

- 1 l warmes Wasser
- 300 g Gerstengraupen
- 200 g Sahne
- 3 Pfirsiche oder Birnen
- 100 g Rosinen
- 1 EL Honig
- Zimt nach Belieben

1 1 Liter Wasser erhitzen. Die Gerstengraupen waschen.

2 Die Gerstengraupen in das kochende Wasser geben und ca. 25 Minuten bei schwacher Hitze gar kochen. Die Graupen in ein Sieb gießen und mit warmem Wasser abbrausen.

3 Die Sahne steif schlagen und kühl stellen.

4 Das Obst waschen, von den Pfirsichen die Kerne oder von den Birnen die Kerngehäuse entfernen. Das Fruchtfleisch klein schneiden, zu den Gerstengraupen geben, mit Rosinen, Honig und Zimt (nach Belieben) abschmecken. Den Graupensalat mit der Schlagsahne servieren.

Wirkung:

Baut Energie auf, wirkt erfrischend und entstauend

Pro Portion

2234/533 kJ/kcal • 10 g Eiweiß
17 g Fett • 83 g Kohlenhydrate
6 g Ballaststoffe
54 mg Cholesterin

Der süße Gerstengraupensalat ist ein reichhaltiges Frühstück, das viel Energie für den kommenden Tag bringt. Zimt wirkt dabei erwärmend.

Für 4 Portionen

- 1 kg Äpfel
- 250 ml heißes Wasser
- 200 g Sahne
- Zimt nach Belieben

Apfelsahne

1 Die Äpfel schälen, vierteln und das Kerngehäuse entfernen.

2 Das Wasser erhitzen, die Äpfel dazugeben, aufkochen und 5 bis 10 Minuten bei schwacher Hitze fertig garen. Die Äpfel pürieren und erkalten lassen.

3 Die Sahne steif schlagen und unter die abgekühlte Apfel-masse heben. Nach Belieben mit Zimt bestäuben.

Wirkung:

Erfrischend, befeuchtend (vor allem für Lunge und Haut)

Pro Portion

1161/277 kJ/kcal • 2 g Eiweiß
17 g Fett • 28 g Kohlenhydrate
5 g Ballaststoffe
54 mg Cholesterin

Tipp Zimt wirkt erwärmend und eignet sich besonders als Zugabe im Winter. Weitere erwärmende Gewürze sind Nelke, Piment und Sternanis.

Apfelpfanne

1 Den Reis waschen, in dem heißen Wasser aufkochen und etwa 30 Minuten bei schwacher Hitze quellen lassen.

2 Die Äpfel waschen, das Kerngehäuse entfernen und das Fruchtfleisch klein schneiden.

3 Die Butter in die heiße Pfanne geben und die klein geschnittenen Äpfel kurz darin dünsten.

Den Zimt, die Rosinen und den gekochten Reis darunter geben.

Wirkung:

Erfrischend, energiespendend

Pro Portion

1428/341 kJ/kcal • 4 g Eiweiß
9 g Fett • 59 g Kohlenhydrate
4 g Ballaststoffe
25 mg Cholesterin

Für 2 Portionen

- 100 g Reis
- 250 ml heißes Wasser
- 2 Äpfel
- 20 g Butter
- 1 Messerspitze Zimt
- 1 EL Rosinen

Tipp Die Apfelpfanne eignet sich auch hervorragend als süßes Frühstück oder kann als Zwischenmahlzeit mitgenommen werden. Reis mit kurzer Garzeit über Nacht in Wasser legen (so wird er weich) und morgens ohne Kochen dazugeben.

Apfelflocken

1 Die Äpfel waschen, das Kerngehäuse entfernen und das Fruchtfleisch raspeln.
Die Sahne steif schlagen.
2 Die Äpfel, die geschlagene Sahne, die Rosinen und, wenn gewünscht, die Kokosflocken vorsichtig miteinander vermischen und servieren.

Wirkung:
Erfrischend, energieaufbauend, leicht befeuchtend

Pro Portion
1541/368 kJ/kcal • 3 g Eiweiß
29 g Fett • 23 g Kohlenhydrate
4 g Ballaststoffe
82 mg Cholesterin

- 2 Äpfel
- 150 g Sahne
- 1 gehäufter EL Rosinen
- 1 EL Kokosflocken
  nach Belieben

Rote Grütze

1 Die Früchte mit dem Saft in einen Topf geben und zum Kochen bringen. Den Dinkelgrieß einstreuen, Kakaopulver, Honig und Sternanis dazugeben.
2 Agar-Agar in wenig Wasser auflösen und unter die Früchte rühren. Zu der Früchte-Grieß-Masse gießen; 2 Minuten kochen lassen, in eine Schüssel geben und abkühlen lassen.

3 Dazu geschlagene oder flüssige Sahne reichen.
Wirkung:
Erfrischend, belebend, baut Säfte auf, günstig bei Unruhezuständen

Pro Portion
1741/416 kJ/kcal • 3 g Eiweiß
16 g Fett • 60 g Kohlenhydrate
4 g Ballaststoffe
54 mg Cholesterin

- 500 g Himbeeren
- 1 großes Glas Sauerkirschen
  (im Sommer frische Früchte
  verwenden)
- 1 EL Dinkelgrieß
- 1/2 TL Kakaopulver
- 1 EL Honig
- Sternanis
- 1 gestrichener TL
  Agar-Agar
- 200 g Sahne

Info Nach dem Verzehr von vollwertigen, süßen Zwischenmahlzeiten sollte stets auf eine gute Zahnpflege geachtet werden. Mittlerweile gibt es kleine Zahnpflegesets, die Sie überall hin mitnehmen können.

Info Wenn ein Gericht nicht Zutaten aller Fünf Elemente enthält, können die fehlenden Komponenten durch entsprechende Getränke, Beilagen oder Salate ergänzt werden.

Für 4 Portionen

- 100 ml Wasser
- 1 TL Agar-Agar
- 400 ml Kirschsaft (ungesüßt)
- 1 Prise Kakao
- 100 g Sahne
- 100 g geriebene Haselnüsse
- ○ 1 Prise Sternanis

Kirsch-Nuss-Pudding

1 Das Wasser mit dem Agar-Agar verrühren und 2 Minuten bei schwacher Hitze kochen. Die Flüssigkeit etwas abkühlen lassen.

2 Den Kirschsaft mit Kakao, steif geschlagener Sahne, geriebenen Haselnüssen und Sternanis vermischen.

3 Wasser-Agar-Agar-Mischung unter die Kirsch-Nuss-Sahne-Masse rühren. Den Pudding zum Festwerden in den Kühlschrank stellen.

Wirkung:
Neutral, energiespendend

Pro Portion
1272/304 kJ/kcal • 5 g Eiweiß
24 g Fett • 17 g Kohlenhydrate
2 g Ballaststoffe
27 mg Cholesterin

Pfirsichgelee

1 Die Pfirsiche waschen, die Kerne entfernen, das Fruchtfleisch in Würfel schneiden und in eine Schüssel geben.

2 Den Apfelsaft und das Wasser zum Kochen bringen, Vanille, Zimt und Nelkenpulver dazugeben.

3 Agar-Agar mit wenig kaltem Wasser anrühren, unter ständigem Rühren in die Apfelsaft-Wasser-Mischung gießen und 2 Minuten bei schwacher Hitze kochen lassen.

4 Zitronensaft und Paprikapulver dazugeben, die Flüssigkeit auf die Pfirsiche gießen und erkalten lassen. Nach etwa 1 Stunde ist die Speise erstarrt.

Wirkung:
Erfrischend, baut Säfte auf und beseitigt Unruhe

Pro Portion
299/71 kJ/kcal • 1 g Eiweiß
0 g Fett • 15 g Kohlenhydrate
2 g Ballaststoffe
0 mg Cholesterin

Für 4 Portionen

- 350 g Pfirsiche
- 275 ml naturtrüber Apfelsaft
- 100 ml warmes Wasser
- $1/2$ Messerspitze Vanillepulver
- $1/2$ Messerspitze Zimt
- ○ $1/4$ Messerspitze Nelkenpulver
- 1 TL Agar-Agar
- 1 EL Zitronensaft
- 1 Prise Paprikapulver

Tipp Zum Pfirsichgelee schmeckt steif geschlagene Sahne sehr gut. Sie können dieses Gelee auch mit süßen Kirschen zubereiten. Statt mit Nelkengewürz können Sie auch mit Piment oder Sternanis würzen.

Pikanter Obstsalat

1 Obst und Gemüse vorbereiten und klein schneiden. Kiwis, Chicoree, Melone, Trauben, Gurke und Fenchel in eine Schüssel geben.
2 Mit dem Honig und den Sonnenblumenkernen vermischen.

Wirkung:
Erfrischend, belebend

Pro Portion
971/232 kJ/kcal • 7 g Eiweiß
10 g Fett • 28 g Kohlenhydrate
5 g Ballaststoffe
0 mg Cholesterin

Für 4 Portionen
- 4 Kiwis
- 1 Chicorée
- 250 g Honigmelone
- 250 g Weintrauben
- ½ Gurke
- 1 kleine Fenchelknolle
- 1 TL Honig
- ½ Tasse »belebte« Sonnenblumenkerne

Tipp Dazu Bananen-Zitronen-Creme (siehe unten) oder Pfeffercreme (siehe Seite 80) reichen.

Info Für dieses Rezept benötigen Sie »belebte« Sonnenblumenkerne: Dazu die Sonnenblumenkerne ca. 8 Stunden in Wasser einweichen. Auf die gleiche Weise können Sie Mandeln, Hasel-, Walnüsse und Cashewkerne beleben. Durch Einweichen über mehrere Stunden in kaltem Wasser können die Nährstoffe vollständig aufgeschlossen werden.

Bananen-Zitronen-Creme

Die Sahne steif schlagen und die Bananen pürieren. Zitronensaft, Paprikapulver, Sahne, Bananen, Pfeffer und Salz vermischen.
Wirkung:
Erfrischend

Pro Portion
1007/241 kJ/kcal
2 g Eiweiß • 20 g Fett
12 g Kohlenhydrate
1 g Ballaststoffe
68 mg Cholesterin

Für 4 Portionen
- 250 g Sahne
- 2 reife Bananen
- Saft einer Zitrone
- Paprikapulver
- Pfeffer
- Salz

Info Südfrüchte, wie z. B. Bananen und Orangen, sollten nicht in großen Mengen verzehrt werden. Sie wirken auskühlend und schwächen die Mitte des Körpers. Die gleiche Wirkung haben große Mengen Milchprodukte und Rohkost. Genießen Sie diese Lebensmittel in geringeren Mengen.

Brotaufstriche

Brotaufstriche, nach den Fünf Elementen zubereitet, haben mit verschiedenen Gewürzen versehen eine anregende Wirkung auf den Körper. Bei der Herstellung können die Qualität und die Menge der Zutaten (Fett und Zucker) selbst bestimmt werden.

Für 8 Portionen

- 125 g Butter
- 60 ml Sonnenblumenöl
- 1 Knoblauchzehe
- einige Zweige frische Kräuter (z. B. Dill, Basilikum, Estragon, Liebstöckel)

Kräuterbutter

1 Die weiche Butter in eine Schüssel geben und glatt rühren. Nach und nach das Sonnenblumenöl in dünnem Strahl dazugießen und weiter rühren, bis eine gleichmäßige Masse entsteht.

2 Den Knoblauch abziehen und zerdrücken. Die Kräuter waschen und klein schneiden.

Knoblauch und Kräuter unter das Fett mischen.

Wirkung:

Energiespendend, anregend

Pro Portion

773/185 kJ/kcal • 0 g Eiweiß
21 g Fett • 0 g Kohlenhydrate
0 g Ballaststoffe
39 mg Cholesterin

Tipp Wer die Kräuterbutter etwas fester mag, stellt diese in den Kühlschrank und serviert sie erst kurz vor dem Essen.

Für 6 Portionen

- 70 g Grünkern
- 175 ml heiße Gemüsebrühe (Instant)
- 1 Prise Paprikapulver
- 70 g weiche Butter
- 2 EL Sonnenblumenöl
- Pfeffer
- 1 TL Majoran
- 1 TL Senf
- 1 Prise geriebene Muskatnuss
- Salz
- 1 EL Zitronensaft

Grünkernaufstrich

1 Den Grünkern fein mahlen. Mit einem Schneebesen das Grünkernmehl in die heiße Gemüsebrühe rühren, aufkochen und in der Nachwärme 5 bis 10 Minuten quellen lassen.

2 Die Masse in eine Schüssel geben und abkühlen lassen. Alle übrigen Zutaten der Reihenfolge

nach darunter rühren und den Aufstrich abschmecken.

Wirkung:

Energieaufbauend, bewegend

Pro Portion

712/170 kJ/kcal • 1 g Eiweiß
15 g Fett • 9 g Kohlenhydrate
1 g Ballaststoffe
29 mg Cholesterin

Frischkäseaufstrich

1 Die Möhre putzen, die Zwiebel abziehen und beides fein reiben. Den Schnittlauch waschen, trockentupfen und in Röllchen schneiden.
2 Alle Zutaten der Reihenfolge nach in eine Schüssel geben und gleichmäßig vermengen.

Wirkung:
Neutral, bewegend

Gesamt
3315/791 kJ/kcal • 21 g Eiweiß
74 g Fett • 12 g Kohlenhydrate
4 g Ballaststoffe
244 mg Cholesterin

Für ca. 300 Gramm
- 1 Möhre
○ 1 Zwiebel
○ 1/2 Bund Schnittlauch
- 1/2 TL gemahlener Kümmel
○ Pfeffer
● Salz
● 200 g Frischkäse
● 1 Prise Paprikapulver

Nuss-Dattel-Creme

1 Die Datteln, die Nüsse und die Sonnenblumenkerne in einer Küchenmaschine fein zerkleinern.
2 Sonnenblumenöl, Butter, Vanille, Honig, Sternanis, Wasser, Zitronensaft und Kakao der Masse zugeben und cremig rühren.

Wirkung:
Energiespendend, leicht befeuchtend

Gesamt
9146/2184 kJ/kcal • 38 g Eiweiß
166 g Fett • 136 g Kohlenhydrate
28 g Ballaststoffe
125 mg Cholesterin

Für ca. 500 Gramm
- 150 g entsteinte Datteln (oder getrocknete Pflaumen oder Aprikosen)
- 100 g Haselnüsse (oder Mandeln)
- 100 g Sonnenblumenkerne
- 1 EL Sonnenblumenöl
- 50 g zerlassene Butter
- 1/2 TL gemahlene Vanille
- 1 EL Honig
○ 1 Messerspitze Sternanis
● 125 ml Wasser
● 1 TL Zitronensaft oder Essig
● 1 gehäufter TL Kakao

Nuss-Honig-Creme

Alle Zutaten der Reihenfolge nach zu einer streichfähigen Creme verrühren.
Wirkung:
Energieaufbauend, befeuchtend

Gesamt
8047/1922 kJ/kcal • 23 g Eiweiß
106 g Fett • 222 g Kohlenhydrate
24 g Ballaststoffe
0 mg Cholesterin

Für ca. 500 Gramm
● 50 ml warmes Wasser
● 40 g geriebene Bitterschokolade
- 250 g Honig
- 130 g gemahlene Haselnüsse
- 30 g Kokosraspeln nach Belieben

Info Die Nuss-Honig-Creme ist ungekühlt ca. 4 Wochen haltbar. Kinder mögen diesen süßen Brotaufstrich besonders gern. Achten Sie darauf, dass Sie Bitterschokolade verwenden, sonst wird die Nuss-Honig-Creme sehr süß.

Für ca. 100 Gramm

- 8 g Kakaopulver
- 60 g weiche Butter
- 1 EL Honig
- 40 g gemahlene Mandeln
- Sternanis
- Salz
- 1 TL abgeriebene Zitronenschale

Butella

1 Alle Zutaten der Reihenfolge nach vermischen, bis eine streichfähige Creme entsteht.
2 Den Aufstrich in verschließbare Gläser füllen und innerhalb von 4 Wochen verbrauchen.

Wirkung:
Energieaufbauend

Gesamt
3227/771 kJ/kcal • 10 g Eiweiß
74 g Fett • 18 g Kohlenhydrate
9 g Ballaststoffe
149 mg Cholesterin

Würzpaste

Für ca. 100 Gramm

- 2 Knoblauchzehen
- 1 große Zwiebel
- 2 Zweige Estragon
- einige Blättchen Zitronenmelisse
- 1/2 Bund Basilikum
- 1/2 TL Salz
- 1 TL Fenchelkörner
- 100 ml Öl
- 10 rote, kleine, getrocknete Chilischoten
- 4 TL Korianderkörner, gemahlen
- 3 TL Ingwerwurzel, gerieben

1 Die Knoblauchzehen und die Zwiebel abziehen. Die Kräuter waschen, die Blätter von den Zweigen zupfen und die Zweige wegwerfen.
2 Salz, Estragon, Melisse, Fenchel, 50 Milliliter Öl, Knoblauch, Zwiebeln, restliche Gewürze und Basilikum pürieren. Die Paste in kleine Schraubgläser füllen, mit dem restlichen Öl bedecken und verschließen.

Wirkung:
Stark erwärmend

Gesamt
4851/1158 kJ/kcal • 12 g Eiweiß
104 g Fett • 46 g Kohlenhydrate
26 g Ballaststoffe
1 mg Cholesterin

Tipp Die Paste kann an erfrischende Gerichte gegeben werden, um diesen eine erwärmende Wirkung zu geben. Probieren Sie beispielsweise, folgende Rezepte mit der scharfen Würzpaste zu verfeinern: den Sauerkrautsalat (Seite 62), den Linsensalat (Seite 60) oder das Möhren-Mangold-Gemüse (Seite 71).

Info Industriell hergestellte Würzmittel gibt es in Deutschland etwa seit der Mitte des 19. Jahrhunderts. Sie sind heute gerade in den Haushalten Berufstätiger sehr beliebt. Doch sie enthalten häufig Konservierungsstoffe, die unserem Körper nicht gut tun und das innere Gleichgewicht stören können.

Salate

Alle Salate haben nach der Fünf-Elemente-Ernährung eine erfrischende, Blattsalate auch eine trocknende Wirkung. Wegen der erfrischenden Wirkung sollte der Salatanteil im Winter und für zu Kälte neigende Personen reduziert werden. Die erfrischende Wirkung bei Tomaten- und Gurkensalat kann mit Zwiebeln, Kräutern, Chiliöl und Pfeffer ausgeglichen werden.

In der westlichen Ernährungslehre wird sinnvollerweise empfohlen, Salate u. a. wegen ihres hohen Vitamin- und Mineralstoffgehalts zu verzehren. Je nach Zusammenstellung eignen sich Salate auch hervorragend als energieliefernde, sättigende Hauptmahlzeiten. Geben wir z. B. an einen Salat Nüsse, Mandeln, gekochtes Getreide (Hafer, Dinkel, Reis oder Hirse) oder gekeimtes Getreide bzw. Hülsenfrüchte, wird nicht nur der Vitamin- und Mineralstoffgehalt des Salats erhöht, sondern auch sein energiespendender Effekt.

Zum Abnehmen eignen sich Getreidesalate. Sie schmecken mit rohem oder gekochtem Gemüse zubereitet, bringen Energie und sättigen langanhaltend.

Rote-Bohnen-Salat

1 Die Bohnen etwa 8 Stunden in kaltem Wasser einweichen und etwa 40 Minuten im Einweichwasser weich kochen (oder 400 Gramm gekochte Bohnen aus dem Glas verwenden). Die gekochten Bohnen in ein Sieb geben, mit Wasser abbrausen und in eine Schüssel geben.

2 Die Bohnen mit einer Sauce aus 4 Esslöffeln Wasser, Essig, Oregano und Paprikapulver würzen.

3 Die Paprikaschoten waschen und putzen. Die Schoten und den Käse würfeln und zu den Bohnen geben. Das Liebstöckelkraut waschen, trockentupfen und klein schneiden.

4 Öl, Liebstöckelkraut, Kapern, Sojasauce und Oliven zu dem Salat geben und vermischen.

Wirkung:
Energiespendend, erwärmend

Pro Portion
1172/280 kJ/kcal • 16 g Eiweiß
16 g Fett • 17 g Kohlenhydrate
7 g Ballaststoffe
23 mg Cholesterin

Für 4 Portionen

- 100 g rote, getrocknete Bohnen
- 300 ml Wasser
- 3 EL Essig
- 1 TL getrockneter Oregano
- 1/4 TL Paprikapulver
- je 1 rote und grüne Paprikaschote
- 100 g Käse nach Wahl
- einige Blättchen Liebstöckelkraut
- 1 EL Öl
- 1 EL Kapern
- 1 EL Sojasauce
- 10 schwarze oder grüne Oliven

Für 4 Portionen

- 100 g rote, getrocknete Bohnen
- 300 ml Wasser
- 300 g Weißkohl
- Pfeffer
- Kräutersalz
- 1 grüne Paprikaschote
- 3 EL Essig
- 1/2 TL Bockshornklee-samenpulver
- 2 EL Olivenöl

Weißkraut-Bohnen-Salat

1 Die Bohnen etwa 8 Stunden in dem Wasser einweichen und etwa 1 Stunde im Einweich-wasser weich kochen (oder 400 Gramm gekochte Bohnen aus dem Glas verwenden). Die Bohnen in ein Sieb geben, mit lauwarmem Wasser abbrausen, abtropfen und in einer Schüssel erkalten lassen.

2 Den Weißkohl waschen, put-zen, fein schneiden, mit Pfeffer und Kräutersalz bestreuen und stampfen (der Kohl wird dadurch weich und saftig). Die

Paprikaschote waschen, putzen und klein schneiden.

3 4 Esslöffel Wasser, gekochte Bohnen, Essig, Bockshornklee-samenpulver, Weißkohl und Pa-prikaschoten in eine Schüssel geben. Mit dem Öl vermischen.

Wirkung:

Neutral, energiespendend

Pro Portion

664/159 kJ/kcal • 8 g Eiweiß
7 g Fett • 16 g Kohlenhydrate
6 g Ballaststoffe
0 mg Cholesterin

Für 4 Portionen

- 140 g Linsen
- 1/2 l Wasser
- 2 EL Essig
- 1 Prise Paprikapulver
- 1 Prise Rohrzucker
- 2 Möhren
- 1 Apfel
- 1 Bund Petersilie
- 1 EL Öl
- Pfeffer
- 1/4 TL getrocknetes Liebstöckel-kraut, gemahlen
- 1/2 TL Salz

Linsensalat

1 Die Linsen waschen und in 1/2 Liter Wasser etwa 35 Minuten kochen. Die gekochten Linsen in ein Abtropfsieb geben, mit warmem Wasser abbrausen und in eine Schüssel geben.

2 Die Linsen mit 3 Esslöffeln Wasser, Essig, Paprikapulver und Rohrzucker würzen.

3 Die Möhren putzen und den Apfel waschen. Möhren und Apfel raspeln und zu den Linsen geben.

4 Die Petersilie waschen und klein schneiden. Öl, Pfeffer, Liebstöckelkraut, Salz und die gehackte Petersilie zu dem Salat geben und vermischen.

Wirkung:

Energiespendend, erfrischend

Pro Portion

697/167 kJ/kcal • 9 g Eiweiß
4 g Fett • 24 g Kohlenhydrate
6 g Ballaststoffe
0 mg Cholesterin

Tipp Der Salat schmeckt köstlich mit Dinkelbrot und Butter.

Linsen-Möhren-Salat

1 Die Möhren waschen, putzen und in dünne Scheiben schneiden.

2 Einen Topf erhitzen. 1 Esslöffel Öl hineingießen und die Möhren etwa 15 Minuten bei schwacher Hitze braten. Die Möhren in eine Schüssel geben und abkühlen lassen.

3 Den Schnittlauch waschen, trockentupfen, in Röllchen schneiden und zu den Möhren geben; mit Pfeffer und Salz würzen.

4 Die Linsensprossen zu den Möhren geben und den Linsen-Möhren-Salat mit Essig, Paprikapulver, Öl oder Sahne abschmecken.

Wirkung:

Neutral, stärkt besonders Milz und Nieren

Pro Portion

416/99 kJ/kcal • 6 g Eiweiß
6 g Fett • 6 g Kohlenhydrate
5 g Ballaststoffe
7 mg Cholesterin

Für 4 Portionen

- 400 g Möhren
- 1 EL Öl
- 1 Bund Schnittlauch
- Pfeffer
- Salz
- 400 g Linsensprossen
- 2 EL Essig
- 1 Prise Paprikapulver
- 2 EL Öl oder Sahne

Für dieses Rezept benötigen Sie Linsensprossen. Die Linsen etwa drei Tage vorher zwölf Stunden in Wasser legen, danach gründlich spülen und in einem Keimbehälter keimen lassen. Die Keimlinge 2- bis 3-mal am Tag mit Wasser abspülen.

Der Linsensalat schmeckt erst richtig gut, wenn er einige Zeit durchziehen konnte. Im Sommer kann er kalt, im Winter angewärmt serviert werden.

Für 2 Portionen

- 100 g frisches Sauerkraut
- ¹/₄ TL Paprikapulver
- 1 EL Olivenöl
- 1 Apfel
- 1 Bund Schnittlauch
- 1 Prise gemahlener Kümmel
- 1 EL Wasser

Sauerkrautsalat

1 Das Sauerkraut mit Paprikapulver und Olivenöl vermengen und ¹/₂ Stunde ziehen lassen.
2 Den Apfel waschen und raspeln. Den Schnittlauch waschen und in Röllchen schneiden. Apfel, Kümmel, Schnittlauch und Wasser zum Sauerkraut geben und vermischen.

Wirkung:
Erfrischend, belebend, regt die Verdauung an

Pro Portion
397/95 kJ/kcal • 1 g Eiweiß
7 g Fett • 7 g Kohlenhydrate
3 g Ballaststoffe
0 mg Cholesterin

Tipp Wer gern Sauerkraut isst, jedoch einen empfindlichen Magen hat, kann das gesunde Gemüse mit folgenden Zutaten bekömmlicher machen:
- Kartoffeln, zusammen mit Sauerkraut gegart, binden überschüssige Säure und beugen Sodbrennen vor.
- Zur Vorbeugung von Blähungen können Sie vor dem Garen ¹/₂ Teelöffel getrocknetes Bohnenkraut, Dillsamen oder Apfelstückchen zufügen.

Für 4 Portionen

- 100 g Haferkörner
- ¹/₂ l heißes Wasser
- ¹/₂ TL Liebstöckelkraut
- Pfeffer
- Salz
- Saft ¹/₂ Zitrone
- ¹/₄ TL Bockshornkleesamenpulver
- 150 g Möhren
- 150 g Fenchel
- 150 g Kohlrabi
- Sojasauce

Getreidesalat

1 Die Haferkörner in ¹/₂ Liter Wasser ¹/₂ Stunde bei schwacher Hitze garen und etwa 1 Stunde in der Nachwärme quellen lassen. Den Hafer in ein feinmaschiges Sieb gießen, abbrausen und in eine Schüssel geben.
2 Die gekochten Haferkörner mit Liebstöckelkraut, Pfeffer, Salz, Zitronensaft und Bockshornkleesamenpulver würzen. Das Gemüse waschen, putzen, raspeln und darüber geben. Den Getreidesalat mit Sojasauce abschmecken und servieren.

Wirkung:
Energiespendend, neutral, sättigt lang anhaltend

Pro Portion
494/118 kJ/kcal • 5 g Eiweiß
2 g Fett • 19 g Kohlenhydrate
5 g Ballaststoffe
0 mg Cholesterin

Suppen

Suppen leisten mit den passenden Zutaten (Gemüse, Getreide, Fisch und Fleisch) zu jeder Jahreszeit einen wichtigen Beitrag zum Energie- und Blutaufbau. Sie lassen sich abwechslungsreich zubereiten und steigen mit Getreide- oder Fleischzusatz zum vollwertigen Hauptgericht auf.

Mit verschiedenen erwärmenden Gewürzen gekocht schützen uns Suppen während des Winters gut vor äußerer Kälte. Haben wir genügend Wärme in uns, können wir nach der Theorie der Fünf-Elemente-Ernährung Erkältungskrankheiten leichter abwehren.

Haferbällchensuppe

1 Die Möhren putzen und die Kartoffeln schälen. Die Möhren in Scheiben und die Kartoffeln in Würfel schneiden.

2 Die Gemüsebrühe aufkochen, Möhren und Kartoffeln in die Brühe geben und das Gemüse 20 Minuten bei schwacher Hitze garen.

3 Alle übrigen Zutaten der Reihenfolge nach zu einem glatten Teig verrühren und mit den Händen etwa 30 kleine Bällchen formen.

4 Die Bällchen in die leicht kochende Brühe legen und etwa 10 Minuten bei schwacher Hitze gar ziehen lassen. Die Haferbällchensuppe heiß servieren.

Wirkung:
Energie- und blutaufbauend, leicht erwärmend

Pro Portion
905/215 kJ/kcal • 6 g Eiweiß
12 g Fett • 20 g Kohlenhydrate
4 g Ballaststoffe
67 mg Cholesterin

Für 4 Portionen

- 150 g Möhren
- 150 g Kartoffeln
- 1 l heiße Gemüsebrühe (Instant)
- 1 Prise Paprikapulver
- 20 g weiche Butter
- 1 TL Öl
- 1 Ei
- 70–90 g gemahlener Hafer
- 1 Prise geriebene Muskatnuss
- Salz
- einige Tropfen Essig

Info Hafer gehörte lange Zeit zu den Grundnahrungsmitteln in Deutschland. Seine energieaufbauende, anregende Wirkung findet sich in der Redewendung »Jemand wird vom Hafer gestochen« wieder. Hafer weckt die Willenskraft und Aktivität und wird bei Antriebslosigkeit und Erschöpfung empfohlen.

Für 2 Portionen

- 160 g weiße Bohnen
  (oder 500 g gekochte Bohnen
  aus dem Glas)
- 1 ³/₄ l Wasser
- ○ 1 große Zwiebel
- ○ 1 Stange Porree (150 g)
- 1 EL Öl
- Salz
- ¹/₂ TL Gemüsebrüheextrakt
- 400 g Tomaten
- 1 TL Oregano
- 1 Prise Rohrzucker
- ○ 1 Prise Majoran
- ○ Pfeffer

Weiße Bohnensuppe

1 Die Bohnen in 1 Liter Wasser mindestens 8 Stunden einweichen. Die Bohnen mit dem Einweichwasser etwa eine ³/₄ Stunde kochen, in ein Abtropfsieb geben und abbrausen.
2 Die Zwiebel abziehen und fein hacken. Den Porree putzen und klein schneiden.
3 Einen Topf auf der Kochstelle heiß werden lassen und das Öl dazugießen. Die Zwiebel und den Porree anbraten, mit ³/₄ Liter kaltem Wasser ablöschen und mit Salz und Gemüsebrüheextrakt würzen.

4 Die Tomaten würfeln, zu der Porree-Zwiebel-Brühe geben und mit Oregano, Rohrzucker, Majoran und Pfeffer bestreuen.
5 Die Bohnen zugeben, aufkochen und 15 Minuten bei schwacher Hitze fertig garen.

Wirkung:
Energieaufbauend, erwärmend, stärkt die Nieren

Pro Portion

1338/320 kJ/kcal • 20 g Eiweiß
8 g Fett • 40 g Kohlenhydrate
17 g Ballaststoffe
0 mg Cholesterin

Für 4 Portionen

- 1 Möhre
- 1 Petersilienwurzel
- 1 Kartoffel
- ○ 1 Zwiebel
- 40 g Butter
- ○ Pfeffer
- ○ ¹/₂ TL Liebstöckelwurzel
- Salz
- ¹/₂ TL Essig
- 1,5 l heißes Wasser
- 75 g Gerstengraupen
- ○ 1 Bund Schnittlauch

Gerstengraupensuppe

1 Möhre und Petersilienwurzel putzen und klein schneiden. Kartoffel schälen und würfeln. Zwiebel abziehen und fein hacken.
2 Die Butter erhitzen, die Zwiebel glasig dünsten, das Gemüse zugeben und etwa 1 Minute bei schwacher Hitze garen.
3 Das Gemüse mit Pfeffer, Liebstöckelwurzel, Salz und Essig würzen und mit dem heißen Wasser aufgießen.

4 Graupen in die Suppe geben, aufkochen und 30 Minuten bei schwacher Hitze garen. Schnittlauch waschen, in Röllchen schneiden und darüber streuen.

Wirkung:
Energieaufbauend, stärkt die Mitte

Pro Portion

690/165 kJ/kcal • 3 g Eiweiß
9 g Fett • 18 g Kohlenhydrate
2 g Ballaststoffe
25 mg Cholesterin

Spinatsuppe

1 Wasser mit Zitronensaft in einem Topf erhitzen. Den Spinat waschen und klein schneiden.

2 Bockshornkleesamenpulver und Spinat in das Wasser geben und der Reihenfolge nach würzen.

3 Die Suppe aufkochen und bei schwacher Hitze 10 Minuten garen; mit Crème fraîche abrunden.

Wirkung:

Blut- und säfteaufbauend

Pro Portion

243/58 kJ/kcal • 3 g Eiweiß

4 g Fett • 1 g Kohlenhydrate

3 g Ballaststoffe

14 mg Cholesterin

Für 2 Portionen

- 400 ml Wasser
- 1 TL Zitronensaft
- 200 g Spinatblätter
- 1 Prise Bockshornklee-samenpulver
- 1 Prise geriebene Muskatnuss
- Pfeffer
- Salz
- 2 EL Crème fraîche

Info Bockshornklee ist eine Gewürzpflanze, deren Heimat in Südosteuropa und Indien liegt. Bockshornklee wurde bereits im Altertum als Heil- und Würzmittel verwendet. Die langen, schmalen Fruchtschoten enthalten 10 bis 20 kleine, braungelbe Samen. Sie schmecken bittersüß und werden gern zum Würzen von Suppen, Gemüse oder Chutneys verwendet.

Scharfe Fleischsuppe

1 Das Fleisch in Würfel schneiden. Die Paprikaschote waschen und putzen, die Kartoffel schälen, die Zwiebeln und Pilze abziehen und alles klein schneiden.

2 Einen Topf erhitzen, das Öl dazugießen und die Zwiebeln im Fett leicht bräunen.

3 Das Fleisch dazugeben und anbraten; mit heißem Wasser und Rotwein ablöschen, aufkochen und 1 Stunde bei schwacher Hitze garen.

4 Gemüse und Gewürze der Reihenfolge nach zugeben und weitere 30 Minuten kochen lassen.

Wirkung:

Energieaufbauend, stark erwärmend

Pro Portion

981/234 kJ/kcal • 16 g Eiweiß

12 g Fett • 12 g Kohlenhydrate

5 g Ballaststoffe

38 mg Cholesterin

Für 4 Portionen

- 250 g Rindfleisch
- 1 rote Paprikaschote
- 1 kleine Kartoffel
- 500 g Zwiebeln
- 200 g Champignons
- 2 EL Öl
- 400 ml heißes Wasser
- 100 ml Rotwein
- 1 Prise Rohrzucker
- 2 getrocknete Chilis oder 1 kleines Stück Peperoni
- 1 TL Majoran
- Pfeffer
- Salz oder Sojasauce
- 1/2 TL Essig

Für 4 Portionen

- 150 g fein gemahlenes Grünkernmehl
- 1 Messerspitze Backpulver
- 1 Prise Paprikapulver
- 75 g weiche Butter
- 2 große Eier
- 1 EL Öl
- 1 Prise geriebene Muskatnuss
- ½ TL Salz
- 1,5 l Gemüsebrühe (Instant)
- 2 EL Schnittlauchröllchen

Grünkernnockerl-Suppe

1 Das Grünkernmehl mit Backpulver, Paprikapulver, Butter, Eiern, Öl, Muskatnuss und Salz in eine Schüssel geben, vermischen und zugedeckt 30 Minuten quellen lassen.

2 Die Gemüsebrühe erhitzen.

3 Aus dem Grünkernteig Nockerln formen, in die leicht kochende Brühe geben und etwa 15 Minuten ziehen lassen.

4 Die Grünkernsuppe mit Schnittlauchröllchen bestreut servieren.

Wirkung:
Energiespendend, erwärmend

Pro Portion
1711/407 kJ/kcal • 8 g Eiweiß
29 g Fett • 29 g Kohlenhydrate
4 g Ballaststoffe
156 mg Cholesterin

Für 4 Portionen

- 2,5 l heißes Wasser
- 1 TL Wacholderbeeren
- 350 g Rind- oder Hühnerfleisch
- 1 Zwiebel
- 1 TL Liebstöckelwurzel
- 1 Stück Ingwer
- 1 Stück Kombualge
- 1 TL Salz
- 1 TL Gemüsebrüheextrakt zum Abschmecken
- einige Spritzer Zitronensaft oder 1 TL getrocknete Zitronenschale

Erwärmende Fleischsuppe

1 Das Wasser erhitzen, alle Zutaten der Reihenfolge nach zugeben und etwa 3 bis 4 Stunden leicht kochen lassen. Nach der Fünf-Elemente-Ernährung kommt über eine lange Kochzeit mehr Wärmeenergie in den Körper.

2 Die Suppe durch ein Sieb gießen und die Brühe nach Belieben mit Gemüsebrüheextrakt nachwürzen.

3 Das Fleisch klein schneiden und in der Suppe gegart servieren.

Wirkung:
Besonders stärkend, energie- und blutaufbauend, erwärmend

Pro Portion
591/141 kJ/kcal • 18 g Eiweiß
8 g Fett • 1 g Kohlenhydrate
0 g Ballaststoffe
53 mg Cholesterin

Tipp Die Suppe kann auf Vorrat gekocht und zur Haltbarmachung in Flaschen mit Twist-off-Deckeln abgefüllt werden. Hierzu die heiße Suppe in die Flasche füllen, den Deckel zudrehen und 5 Minuten lang auf den Kopf stellen (dadurch entsteht ein Vakuum). Wieder erwärmt kann die Suppe als Getränk oder als Suppe mit geraspeltem Gemüse serviert werden.

Je frischer die Zutaten für die Gemüsebrühe, desto intensiver der Geschmack. Bevorzugen Sie saisonales Gemüse aus heimischem Anbau – hier erhalten Sie den besten Geschmack.

Milde Gemüsebrühe

1 Das Wasser erhitzen. Das Gemüse putzen und zerkleinern.
2 Das Gemüse und die übrigen Zutaten der Reihenfolge nach in das heiße Wasser geben, aufkochen und etwa 30 Minuten bei schwacher Hitze garen.
3 Das Gemüse entnehmen und für das Gemüseaspik (siehe Seite 68) beiseite stellen. ¼ Liter der Brühe für das Gemüse-

aspik einplanen, die übrige Gemüsebrühe ohne Gewürze warm trinken.
Wirkung:
Belebend

Pro Portion
50/12 kJ/kcal • 1 g Eiweiß
0 g Fett • 1 g Kohlenhydrate
0 g Ballaststoffe
0 mg Cholesterin

Info Die Suppe eignet sich als Getränk, stärkt die Mitte und beugt der Lust auf Süßes vor.

Für 4 Portionen

- 1,5 l heißes Wasser
- 250 g Gemüse
  (z. B. Möhren, Blumenkohl)
- 300 g Weißkohl
- 2 Pfefferkörner
- 1 Stange Porree
- 150 g Kohlrabi
- 1 große Zwiebel
- 1 Stück Kombualge
  (5 cm)

Für 4 Portionen

- ¼ l heiße, milde Gemüsebrühe (siehe Seite 67)
- 1 gestrichener TL
  Agar-Agar
- 1 Prise Paprikapulver
- 1 Prise Rohrzucker
- 1 EL Dill
- ½ TL Salz
- 1 EL Obstessig
- gekochtes Gemüse
  (siehe Seite 67)

Gemüseaspik

1 Die milde Gemüsebrühe zum Kochen bringen.

2 Das Agar-Agar mit 1 Esslöffel kaltem Wasser verrühren.

3 Das Paprikapulver, den Zucker, den Dill, das Salz, das Agar-Agar und den Obstessig in die Brühe geben und 2 Minuten kochen lassen.

4 Das gekochte Gemüse in eine Glasschüssel geben, mit der Brühe übergießen und kalt stellen.

5 Nach etwa 1 Stunde ist die Speise erstarrt; dazu passt eine Kräutersauce und ein kräftiges Vollkornbrot.

Wirkung:

Kühlend, belebend

Pro Portion

912/217 kJ/kcal • 13 g Eiweiß

6 g Fett • 26 g Kohlenhydrate

19 g Ballaststoffe

0 mg Cholesterin

Für 4 Portionen

- 350 g Staudensellerie
- 350 g Möhren
- 2 Kartoffeln
- 1 große Zwiebel
- 350 g Tatar
- Pfeffer
- Salz
- ½ TL Essig
- 1 Prise Paprikapulver
- 1,5 l heißes Wasser
- 1 EL Gemüsebrüheextrakt
- 1 EL gehackte Petersilie

Energiesuppe

1 Das Gemüse waschen, den Staudensellerie und die Möhren putzen, die Kartoffeln schälen und die Zwiebel abziehen. Staudensellerie, Möhren und Kartoffeln klein schneiden, die Zwiebel reiben.

2 Das Tatar mit der geriebenen Zwiebel, Pfeffer, Salz, Essig und dem Paprikapulver vermengen. Das Fleisch zu kleinen Bällchen formen oder mit Hilfe eines Teelöffels Nockerln abstechen.

3 1,5 Liter Wasser aufkochen, Gemüsebrüheextrakt zugeben und die Bällchen ca. 5 Minuten bei schwacher Hitze gar ziehen lassen. Die Fleischbällchen aus dem Topf schöpfen und beiseite stellen.

4 Das Gemüse in die Suppe geben, aufkochen und bei schwacher Hitze 15 Minuten garen.

5 Die Bällchen wieder in die Suppe legen, erhitzen und mit gehackter Petersilie bestreut servieren.

Wirkung:

Energiespendend, erwärmend und blutaufbauend

Pro Portion

680/162 kJ/kcal • 22 g Eiweiß

3 g Fett • 11 g Kohlenhydrate

5 g Ballaststoffe

51 mg Cholesterin

Hauptgerichte

Die nachfolgenden Hauptgerichte sind so zusammengestellt, dass sie als vollwertige Mahlzeiten dem Yin- und Yang-Aufbau ausreichend dienen. Die Gerichte können auch miteinander kombiniert werden, so dass sich jeder eine für seine Bedürfnisse optimale Mahlzeit zusammenstellen kann. Eine Gemüsemahlzeit z. B., die eher Säfte aufbauend wirkt, leistet nach der Fünf-Elemente-Ernährung, mit Fleisch oder Fisch serviert, einen wichtigen Beitrag zum Energieaufbau.

Als Beilage zu den Fleisch- oder Gemüsemahlzeiten eignen sich gekochtes Getreide, Kartoffeln und Teigwaren. Die Zubereitung von gekochtem Getreide wie Dinkel, Grünkern, Buchweizen, Hirse, Gerste oder Hafer gleicht der von Reis, nur die Garzeiten sind unterschiedlich.

Getreide ist ein energetisch sehr wertvolles Nahrungsmittel, welches Sie täglich zu sich nehmen sollten. Es sättigt lang anhaltend und stärkt die Leistungsfähigkeit.

Wer viel Getreide isst, sollte darauf achten, ausreichend Flüssigkeit zu sich zu nehmen. Nur so können die Ballaststoffe auch richtig quellen.

Grünkernbratlinge

1 Kaltes Wasser und Brüheextrakt in einen Topf geben. Grünkernschrot mit dem Schneebesen einrühren und unter ständigem Rühren zum Kochen bringen. Kurz kochen lassen, von der Kochstelle nehmen und 30 Minuten ohne Deckel ausquellen lassen.

2 Die Petersilie waschen und klein schneiden, die Zwiebel abziehen und reiben. Paprikapulver, Butter, Ei, Zwiebel, Salz und Petersilie zu dem gequollenen Grünkern geben und vermengen. Mit nassen Händen kleine Bratlinge formen.

3 Öl in eine heiße Pfanne geben, erhitzen und die Bratlinge darin goldbraun braten.

Wirkung:
Energieaufbauend, befeuchtend

Pro Portion
1044/249 kJ/kcal • 6 g Eiweiß
14 g Fett • 25 g Kohlenhydrate
4 g Ballaststoffe
70 mg Cholesterin

Für 4 Portionen
Ergibt etwa 12 Bratlinge
- 400 ml kaltes Wasser
- 1 TL Brüheextrakt
- 150 g Grünkernschrot
- 1 Bund Petersilie
- 1 kleine Zwiebel
- 1 Prise Paprikapulver
- 25 g Butter
- 1 Ei
- Salz
- Öl zum Braten

Möhrenbratlinge

Für 4 Portionen

Ergibt etwa 12 kleine Bratlinge
- 400 g Möhren
- 2 Eier
- Pfeffer
- 1 Prise geriebene Muskatnuss
- Salz
- 4 EL Weizenvollkornmehl
- 2 EL gehackte Petersilie
- Öl oder Kokosfett

1 Die Möhren putzen, reiben, ausdrücken und mit den Eiern, dem Pfeffer, dem Muskat, dem Salz, 2 Esslöffeln Weizenvollkornmehl und der Petersilie gründlich vermengen.

2 Den Möhrenteig zu Bratlingen formen und diese auf beiden Seiten im restlichen Mehl wenden.

3 Die Bratlinge in heißem Fett knusprig braten.

Wirkung:

Energiespendend, befeuchtend

Pro Portion

582/139 kJ/kcal • 6 g Eiweiß
8 g Fett • 10 g Kohlenhydrate
4 g Ballaststoffe
109 mg Cholesterin

Info Die Blüten der Muskatpflanze erinnern an Maiglöckchen. Die Frucht birgt den rötlich-braunen Samen, der nach dem Trocknen als Muskatnuss bezeichnet wird. Das Gewürz stärkt Magen, Dickdarm und Milz, vertreibt das Kälteempfinden im Körper und wirkt verdauungsfördernd.

Putenragout

Für 4 Portionen

- 400 g Putenbrust
- 1 Zwiebel
- Öl zum Braten
- Pfeffer aus der Mühle
- 1 EL Wasser
- 1 EL Zitronensaft
- 125 ml Weißwein
- 1/2 TL Rosenpaprika
- 250 g Champignons
- 1/2 TL Salz
- 2 EL Crème fraîche oder Sahne
- 2 EL gehackte Petersilie

1 Die Putenbrust waschen, trockentupfen und in dünne Streifen schneiden. Die Zwiebel abziehen, fein hacken und in Öl glasig dünsten.

2 Die Putenbruststreifen dazugeben und anbraten. Mit Pfeffer würzen und mit Wasser, Zitronensaft und Weißwein ablöschen.

3 Das Ragout mit Rosenpaprika bestreuen und 10 Minuten bei schwacher Hitze dünsten. Die Champignons putzen, klein schneiden, zu dem Fleisch geben und kurz mitgaren.

4 Mit Pfeffer und Salz abschmecken, Crème fraîche oder Sahne darunter rühren. Mit Petersilie bestreut servieren.

Wirkung:

Baut Energie und Säfte auf

Pro Portion

834/199 kJ/kcal • 24 g Eiweiß
8 g Fett • 3 g Kohlenhydrate
1 g Ballaststoffe
60 mg Cholesterin

Kaiserschmarren

Für 4 Portionen

1 Die Eier trennen und die Eiweiße zu steifem Schnee schlagen.

2 Dinkelmehl und Milch zu den Eigelben geben. Die Mehl-Milch-Eigelb-Mischung zu einem dickflüssigen Teig verrühren und 15 bis 20 Minuten quellen lassen. Den Eischnee unterheben.

3 Öl in einer Pfanne erhitzen, ein Drittel der Teigmasse hineingießen und mit 1 Esslöffel Rosinen bestreuen.

4 Den Kaiserschmarren in der Pfanne von beiden Seiten goldbraun backen. Mit zwei Gabeln zerteilen und die Stückchen leicht rösten. Den Backvorgang noch 2-mal wiederholen, bis der Teig aufgebraucht ist.

5 Den Kaiserschmarren mit Zimtzucker bestreut servieren.

Wirkung:
Energie- und säfteaufbauend

Pro Portion
2449/585 kJ/kcal • 23 g Eiweiß
20 g Fett • 78 g Kohlenhydrate
8 g Ballaststoffe
181 mg Cholesterin

- 3 Eier
- 360 g Dinkelvollkornmehl
- 600 ml Milch
- Öl zum Ausbacken
- 3 EL Rosinen
- Zimtzucker

Das Erdelement übt bei dem Kaiserschmarren eine verteilende Funktion aus. Deshalb ist es bei dieser Süßspeise nicht nötig, dieses Rezept in den Fünf-Elemente-Zyklus zu zwängen.

Tipp Zum Kaiserschmarren schmeckt Apfelkompott sehr gut.

Möhren-Mangold-Gemüse

Für 4 Portionen

1 Die Möhren putzen und in dünne Scheiben, den Mangold waschen und in dünne Streifen schneiden. Die Zwiebel abziehen und würfeln.

2 Die Butter erhitzen, die Zwiebeln darin glasig dünsten, die Möhren und den Mangold zugeben, kurz mitdünsten.

3 Das Gemüse mit Pfeffer, Muskatnuss und Salz würzen und mit Wasser ablöschen. Essig und Paprikapulver dazugeben; das Gemüse 15 Minuten garen.

4 Mit Sahne oder Sesammus angereichert servieren.

Wirkung:
Erfrischend, stärkt die Mitte

Pro Portion
668/159 kJ/kcal • 5 g Eiweiß
11 g Fett • 9 g Kohlenhydrate
7 g Ballaststoffe
15 mg Cholesterin

- 500 g Möhren
- 500 g Mangold
- 1 Zwiebel
- 1 EL Butter
- Pfeffer
- 1 Prise geriebene Muskatnuss
- Salz
- 4 EL Wasser
- 1 TL Essig
- 1 Prise Paprikapulver
- 2 EL Sahne oder Sesammus

Für 4 Portionen

- je 200 g rote und grüne Paprikaschoten
- 280 g Maiskörner aus dem Glas
- Öl zum Braten
- einige Blätter Liebstöckelkraut
- Pfeffer
- Salz
- 1 TL Essig
- 1 Prise Bockshornklee-samenpulver

Für 4 Portionen

Tofuwürfel:
- 300 g Tofu natur
- 1 Messerspitze Chilipulver
- 2 EL Sojasauce
- 2 EL Weizenvollkornmehl
- 1 Prise Paprikapulver
- Öl zum Braten

Gemüse:
- 1 kleiner Zucchino
- je 1 grüne und rote Paprika-schote
- 2 Zwiebeln
- 1 EL Öl
- 280 g Maiskörner (abgetropft, aus dem Glas)
- 1 Messerspitze Chilipulver
- ½ TL Salz
- 1 TL Essig
- 1 Prise Paprika- oder Bocks-hornkleesamenpulver
- 2 EL gehacktes Basilikum oder Schnittlauchröllchen

Mais-Paprika-Gemüse

1 Die Paprikaschoten waschen, putzen und klein schneiden. Den Mais abtropfen lassen. Das Öl in einer Pfanne erhitzen, die Paprikaschoten und den Gemüsemais zugeben und bei schwacher Hitze kurz braten.
2 Das Liebstöckelkraut waschen und fein hacken. Das Gemüse mit Liebstöckelkraut, Pfeffer, Salz, Essig und Bockshornkleesamenpulver würzen.

Wirkung:
Energie- und säfteaufbauend

Pro Portion
380/91 kJ/kcal • 3 g Eiweiß
4 g Fett • 11 g Kohlenhydrate
5 g Ballaststoffe
0 mg Cholesterin

Tofugemüse

Tofuwürfel:
1 Tofu in 1,5 Zentimeter große Würfel schneiden, von allen Seiten mit Chilipulver und Sojasauce beträufeln und 30 Minuten ziehen lassen.
2 Das Vollkornmehl mit Paprikapulver mischen und die Würfel darin wälzen.
3 Eine Pfanne erhitzen, das Öl hineingießen, die Würfel von allen Seiten bei mittlerer Hitze goldbraun braten.

Gemüse:
1 Den Zucchino waschen und in 1 Zentimeter große Würfel schneiden. Die Paprikaschoten waschen, putzen und in Streifen schneiden. Die Zwiebeln abziehen und in Ringe schneiden.
2 Eine Pfanne erhitzen, das Öl zugeben und die Zwiebelringe darin hellbraun braten. Das restliche Gemüse dazugeben und 10 Minuten dünsten.
3 Mit Chilipulver, Salz, Essig und Paprikapulver würzen.
4 Die gebratenen Tofuwürfel auf das Gemüse legen, bis diese erwärmt sind, und das Gericht mit Basilikum oder Schnittlauch bestreuen.

Wirkung:
Erwärmend, säfteaufbauend

Pro Portion
1063/254 kJ/kcal • 14 g Eiweiß
14 g Fett • 18 g Kohlenhydrate
7 g Ballaststoffe
0 mg Cholesterin

Chinesisches Mischgemüse

1 Das Gemüse waschen, putzen und in kleine Stücke schneiden. Das Öl in eine heiße Pfanne gießen, das Gemüse darin anbraten und 5 bis 10 Minuten dünsten.
2 Alle übrigen Zutaten der Reihenfolge nach zugeben und weitere 5 Minuten garen.

Wirkung:
Erwärmend, säfteaufbauend und energiespendend

Pro Portion
269/64 kJ/kcal • 3 g Eiweiß
3 g Fett • 5 g Kohlenhydrate
5 g Ballaststoffe
0 mg Cholesterin

Tipp Dieses Gericht passt gut zu gekochtem Getreide, Vollkornkroketten oder -nudeln.

Für 4 Portionen

- 800 g gemischtes Gemüse (z. B. Brokkoli, Blumenkohl, Auberginen, Möhren, Paprikaschoten, Sellerie, Pilze, Weißkohl)
- 150 g Porree
- 1 EL Öl zum Braten
- Pfeffer aus der Mühle
- 1 Prise Kurkuma
- 1 Prise Chilipulver
- Salz
- 1 TL Essig
- 1 Prise Paprikapulver
- 3 EL heißes Wasser
- 1 Prise Bockshornkleesamenpulver

Gebackener Weißkohl

1 Den Weißkohl waschen, putzen und hobeln. Die Paprikaschoten waschen, putzen und in Streifen schneiden. Die Zwiebel abziehen und würfeln. Die Oliven entkernen und klein schneiden.
2 Den Kümmel und den geriebenen Ingwer mit dem Gemüse, der Zwiebel und den Oliven mischen, die Masse in eine gefettete, feuerfeste Glasform geben und festdrücken.
3 Die Oberfläche mit Vollkornbackerbsen bedecken.
4 Das Vollkornmehl mit Paprikapulver, Rohrzucker, Pfeffer, Sojasauce, Salz und Wasser ver-

rühren und über die Backerbsen gießen.
5 Mit Käse bestreuen, den Deckel schließen, die Form in den kalten Backofen (untere Schiene) schieben und den Auflauf bei 200 °C (Umluft 180 °C, Gas Stufe 3–4) 1 Stunde backen.

Wirkung:
Neutral, energiespendend, säfteaufbauend

Pro Portion
572/137 kJ/kcal • 6 g Eiweiß
6 g Fett • 14 g Kohlenhydrate
7 g Ballaststoffe
27 mg Cholesterin

Für 4 Portionen

- 750 g Weißkohl
- 250 g rote Paprikaschote
- 1 Zwiebel
- 2 EL Oliven
- 1 TL Kümmel
- 1 EL geriebener Ingwer
- Fett für die Form
- 4 EL Vollkornbackerbsen
- 20 g Vollkornmehl
- 1 Prise Paprikapulver
- 1 Prise Rohrzucker
- Pfeffer aus der Mühle
- 1 EL Sojasauce
- Salz
- 200 ml Wasser
- 3 EL geriebener Käse

Für 4 Portionen

- 750 g grüne Bohnen
- 200 ml heißes Wasser
- 2 Zwiebeln
- 25 g Butter
- 1 Prise Paprikapulver
- 200 g »belebte«, gehobelte Mandeln
- Pfeffer aus der Mühle
- 1 TL Majoran
- 1 Prise Salz
- 2 EL gehackte Petersilie

Energiebohnen

1 Die Bohnen waschen, in Stücke schneiden und in wenig Wasser 10 bis 15 Minuten garen. Die Zwiebeln abziehen und würfeln.

2 Die Butter in einen heißen Topf geben und die Zwiebeln darin glasig dünsten. Die abgetropften Bohnen zugeben und kurz mitbraten.

3 Das Paprikapulver und die »belebten« Mandeln (siehe Seite 50) darunter rühren, mit den übrigen Zutaten der Reihenfolge nach würzen und mit gehackter Petersilie bestreuen.

Wirkung:
Energieaufbauend, leicht erwärmend, stärkt die Mitte

Pro Portion

1653/395 kJ/kcal • 14 g Eiweiß
33 g Fett • 12 g Kohlenhydrate
11 g Ballaststoffe
16 mg Cholesterin

Für 4 Portionen

Gemüse:
- 800 g Rote Bete
- 150 ml heißes Wasser
- 1/2 TL ganzer Kümmel

Dip:
- 1 Prise Salz
- 150 g Crème fraîche
- 1 Prise Paprikapulver
- 1 Prise Vanillepulver
- gemahlener Kümmel
- 2 EL Schnittlauchröllchen
- Pfeffer

Gebackene Rote Bete

1 Die Roten Bete waschen. Das Wasser und den Kümmel in eine feuerfeste Form geben und die Roten Bete darin zugedeckt im Backofen bei 210 °C (Umluft 190 °C, Gas Stufe 4) etwa 1 Stunde weich garen.

2 Für den Dip alle Zutaten miteinander verrühren. Die Roten Bete aus der Form nehmen, schälen, in Scheiben schneiden und mit dem Dip servieren.

Wirkung:
Neutral, blutaufbauend

Pro Portion

724/173 kJ/kcal • 3 g Eiweiß
11 g Fett • 14 g Kohlenhydrate
4 g Ballaststoffe
34 mg Cholesterin

Info Die Paprikapflanze gehört wie Kartoffeln und Tomaten zur Familie der Nachtschattengewächse. Das Pulver wird in der Fünf-Elemente-Küche häufig verwendet und hat seinen Platz in der chinesischen Medizin. Es reizt die Schleimhäute und sollte nur in kleinen Mengen verwendet werden. Es hilft gegen rheumatische Erkrankungen, Arthritis und Verdauungsstörungen.

Gebackener Blumenkohl

1 Den Blumenkohl waschen, vierteln und in eine feuerfeste Form legen.

2 Wasser mit Bockshornklee-samenpulver verrühren und über den Blumenkohl gießen. Mit Liebstöckelkraut bestreuen.

3 Den Blumenkohl bei 220 °C (Umluft 200 °C, Gas Stufe 4–5) 30 Minuten backen.

4 Für die Sauce einen Topf erhitzen. Öl, Pfeffer, Salz und Mehl zugeben. Das Mehl unter Rühren leicht bräunen, mit der heißen Gemüsebrühe ablöschen.

5 Zucker, Lorbeerblatt, Dill, Senf, Salz und Tomatenmark zugeben, 10 Minuten kochen und durch ein Sieb streichen.

Wirkung:

Neutral, säfteaufbauend

Pro Portion

775/185 kJ/kcal • 4 g Eiweiß
15 g Fett • 9 g Kohlenhydrate
5 g Ballaststoffe
0 mg Cholesterin

Für 4 Portionen

Gemüse:
- 1 Blumenkohl
- 150 ml heißes Wasser
- 1 Prise Bockshornklee-samenpulver
- 1 Prise Liebstöckelkraut

Sauce:
- 4 EL Öl
- 1 Prise Pfeffer
- 1 Prise Salz
- 3 EL Vollkornmehl
- ½ l heiße Gemüsebrühe (Instant)
- 1 Prise Rohrzucker
- 1 Lorbeerblatt
- 1 EL Dill
- 1 EL Senf
- 1 EL Tomatenmark

Der gebackene Blumen-kohl ist ohne aufwändige Vorbereitung schnell zubereitet und passt sehr gut zu Naturreis oder kleinen Pellkartoffeln.

Für 4 Portionen

- je 1 rote und grüne Paprikaschote
- 1 kleiner Wirsing
- 1 Zwiebel
- 3 Tomaten
- 2 EL Öl zum Braten
- 500 g Hackfleisch vom Rind
- Pfeffer
- Salz
- 1 EL Vollkornmehl
- 2 EL Tomatenmark
- 1 Prise Paprikapulver
- 300 ml heißes Wasser
- 1 Prise Currypulver

Hackfleischsauce mit Wirsing

1 Die Paprikaschoten waschen, putzen und würfeln. Den Wirsing waschen, putzen und in Streifen schneiden. Die Zwiebel abziehen und hacken. Die Tomaten klein schneiden.
2 Das Öl erhitzen und die Zwiebelwürfel bräunen. Das Hackfleisch zugeben, anbraten und mit Pfeffer und Salz würzen.
3 Das Fleisch mit Vollkornmehl bestäuben, das Tomatenmark und die Tomaten darunter rühren, mit Paprika würzen und mit heißem Wasser ablöschen.

Die Paprikaschoten zugeben und 20 Minuten bei schwacher Hitze kochen lassen. Die Sauce mit Currypulver abschmecken.
4 Den Wirsing in Wasser mit etwas Salz bei mittlerer Hitze 5 bis 10 Minuten blanchieren und in wenig Öl leicht bräunen.
Wirkung:
Neutral, energiespendend

Pro Portion
1526/364 kJ/kcal • 32 g Eiweiß
21 g Fett • 12 g Kohlenhydrate
8 g Ballaststoffe
73 mg Cholesterin

Für 4 Portionen

- 400 g Rundkorn-Naturreis
- 1 große Zwiebel
- 900 ml Wasser
- 1 Prise Currypulver
- 1 TL Salz
- 1 EL Sesamöl
- Sojasauce
- 1 EL gehackte Petersilie

Energiereis

1 Den Reis waschen. Die Zwiebel abziehen und in dünne Ringe schneiden.
2 Den Reis in das kalte Wasser geben, mit Currypulver und Salz würzen und bei schwacher Hitze mit geschlossenem Deckel etwa 20 Minuten garen. Den Reis in ein Sieb gießen.
3 Eine Pfanne erhitzen, das Öl dazugeben und die Zwiebelringe darin goldbraun braten. Die Zwiebelringe aus der Pfanne nehmen und im verbleibenden

Fett den Reis etwa 5 bis 10 Minuten braten.
4 Den Reis mit Sojasauce abschmecken und mit Zwiebeln und der Petersilie anrichten.
Wirkung:
Erwärmend, energieaufbauend, leitet Wasser aus dem Körper

Pro Portion
1595/376 kJ/kcal • 7 g Eiweiß
5 g Fett • 74 g Kohlenhydrate
3 g Ballaststoffe
0 mg Cholesterin

Reis-Porree-Omelette

1 Das Wasser in einem Topf aufstellen. Den Reis waschen, in das Wasser geben, aufkochen, 30 Minuten garen und in ein Sieb gießen.

2 Den Porree putzen, waschen und klein schneiden. Die Petersilie waschen und fein hacken

3 Die Eier in eine Schüssel schlagen, mit Pfeffer, Muskatnuss und Salz würzen und schaumig rühren. Den Reis und den Porree dazugeben.

4 Eine beschichtete Pfanne erhitzen, etwas Öl hineingießen und die Masse darin bei mittlerer Hitze stocken lassen. Das Omelette wenden und die zweite Seite bräunen.

5 Das Reis-Porree-Omelette mit der gehackten Petersilie bestreut heiß servieren.

Wirkung:

Erwärmend, energiespendend

Pro Portion

1667/395 kJ/kcal • 16 g Eiweiß
16 g Fett • 47 g Kohlenhydrate
3 g Ballaststoffe
327 mg Cholesterin

Für 2 Portionen

- 1 l kaltes Wasser
- 120 g Langkorn-Naturreis
- 1 Stange Porree
- 1 Bund Petersilie
- 3 Eier
- Pfeffer
- 1 Prise geriebene Muskatnuss
- Salz
- Öl zum Braten

Spargel-Möhren-Gemüse

1 Den Spargel schälen und die Möhren putzen. Das Gemüse in 3 Zentimeter lange Stücke schneiden.

2 Wasser zum Kochen bringen, Gemüse hineingeben und in ca. 10 Minuten weich garen. Das Gemüse in ein Sieb gießen, die Kochbrühe für die Pilzsauce (siehe Seite 78) aufbewahren.

3 Das Gemüse mit gehackten Kräutern bestreuen.

Wirkung:

Erfrischend, befeuchtend

Pro Portion

179/43 kJ/kcal • 3 g Eiweiß
0 g Fett • 7 g Kohlenhydrate
5 g Ballaststoffe
0 mg Cholesterin

Tipp Dazu schmeckt die Pilzsauce von Seite 78.

Info Es kann auch Spargel aus dem Glas verwendet werden, wobei dann das Spargelkochen entfällt.

Für 4 Portionen

- 500 g Spargel
- 500 g Möhren
- 700 ml heißes Wasser
- 1 EL Liebstöckelkraut, Dill oder Estragon (gehackt)

Für 4 Portionen

- 200 g Champignons
- 4 EL Öl
- ○ Pfeffer
- Salz
- 3 EL Weizenvollkornmehl
- 600 ml heiße Spargel-Möhren-Brühe (siehe Seite 77)
- ○ 1 EL gehacktes Liebstöckelkraut
- ○ 1 Lorbeerblatt

Pilzsauce

1 Die Champignons putzen und klein schneiden.

2 Einen Topf erhitzen und das Öl hineingießen. Mit Pfeffer und Salz würzen, das Weizenvollkornmehl zugeben und leicht bräunen; mit der heißen Spargel-Möhren-Brühe ablöschen.

3 Die Champignons, das Liebstöckelkraut sowie das Lorbeerblatt dazugeben und 10 Minuten bei schwacher Hitze unter gelegentlichem Umrühren kochen lassen.

Wirkung:

Energiespendend, befeuchtend

Pro Portion

597/143 kJ/kcal • 3 g Eiweiß

13 g Fett • 5 g Kohlenhydrate

2 g Ballaststoffe

0 mg Cholesterin

Info Die Ernährung nach den Fünf Elementen schreibt den Möhren eine stärkende Wirkung für Milz und Magen zu. Der Spargel befeuchtet auch die Lunge und den Dickdarm, weshalb er sich günstig bei Verstopfung, trockenem Husten und Heiserkeit auswirkt. Spargel soll auch befeuchtend auf die Nasennebenhöhlen wirken. Nach der Theorie der Fünf-Elemente-Küche wird empfohlen, bei Nasennebenhöhlen-Entzündungen jeden Morgen, Mittag und Abend jeweils 3 bis 5 Stangen Spargel zu verzehren.

Mildes Süßkartoffelgericht

Für 4 Portionen

- 1 kg rötliche Süßkartoffeln
- Öl zum Braten
- ○ Pfeffer
- Salz
- 1 TL Essig
- 600 ml heißes Wasser
- 1 Prise Rohrzucker
- ○ 1 Bund Frühlingszwiebeln

1 Kartoffeln schälen und klein schneiden. Einen Topf erhitzen, Öl zugeben und die Kartoffeln anbraten. Mit Pfeffer, Salz und Essig würzen, Wasser zugeben und 15 Minuten kochen lassen.

2 Zucker und geschnittene Frühlingszwiebeln darunter geben.

Wirkung:

Stark erwärmend, energieaufbauend

Pro Portion

1221/292 kJ/kcal • 4 g Eiweiß

7 g Fett • 53 g Kohlenhydrate

8 g Ballaststoffe

0 mg Cholesterin

Herbstliches Mischgemüse

Für 4 Portionen

1 Die Möhren putzen und in Stücke schneiden. Den Porree oder die Frühlingszwiebeln waschen, putzen und klein schneiden. Die Möhren in dem kochenden Wasser etwa 5 bis 8 Minuten garen.

2 Die Schwarzwurzeln in ein Sieb gießen und mit dem Porree bzw. den Frühlingszwiebeln zu den Möhren geben; weitere 3 Minuten garen.

3 Das Gemüse zum Schluss mit Salz, Essig oder Zitronensaft und etwas Paprikapulver pikant abschmecken.

Wirkung:
Erwärmend

Pro Portion
179/43 kJ/kcal • 3 g Eiweiß
1 g Fett • 6 g Kohlenhydrate
8 g Ballaststoffe
0 mg Cholesterin

- 400 g Möhren
- 200 g Porree oder Frühlingszwiebeln
- 1/4 l kochendes Wasser
- 400 g Schwarzwurzeln aus dem Glas
- Salz
- 1 TL Essig oder Zitronensaft
- Paprikapulver

Tipp Zum Gemüse kann eine Tomatensauce serviert werden.

Hähnchen-Gemüse-Eintopf

Für 4 Portionen

1 Das Hähnchenbrustfilet in das Wasser geben, mit Salz und Sojasauce würzen und 35 Minuten bei schwacher Hitze zugedeckt kochen. Das Fleisch abkühlen lassen und zerkleinern.

2 Thymian, das vorbereitete und klein geschnittene Gemüse (außer den Champignons), den Reis und das Bohnenkraut in den kochenden Hähnchensud geben, die Hälfte der Petersilie zugeben und 30 bis 40 Minuten bei schwacher Hitze kochen. 5 Minuten vor Beendigung der Kochzeit die geputzten und

klein geschnittenen Champignons zugeben und mit Pfeffer, geriebener Muskatnuss, Salz, restlicher Petersilie und Paprikapulver, abschmecken.

3 Das zerkleinerte Hähnchenfleisch zu dem Gemüse geben und darin erwärmen.

Wirkung:
Erwärmend, energieaufbauend

Pro Portion
740/157 kJ/kcal • 24 g Eiweiß
1 g Fett • 17 g Kohlenhydrate
4 g Ballaststoffe
0 mg Cholesterin

- 350 g Hähnchenbrustfilet
- 3/4 l kaltes Wasser
- Salz
- Sojasauce
- 1/4 TL Thymian
- 200 g Möhren
- 100 g grüne Bohnen oder Sellerie
- 100 g Kartoffeln
- 100 g Porree
- 1 Zwiebel
- 50 g Langkornreis
- 1/4 TL Bohnenkraut
- 2 EL gehackte Petersilie
- 100 g Champignons
- Pfeffer
- 1 Prise geriebene Muskatnuss
- 1 Prise Paprikapulver

Saucen für Verschiedenes

Die nachfolgenden Saucen passen gut zu Bratlingen, Vollkornnudeln, Kartoffeln, gekochtem Getreide, Fleisch und Fisch.

Pfeffercreme

Für 4 Portionen

○ 1 TL eingelegte, grüne Pfefferkörner
● 300 g Naturjoghurt
● 1 Prise Paprikapulver
▪ 1 Prise Anispulver
● Salz

1 Die Pfefferkörner im Mörser oder mit einer Gabel zerdrücken.
2 Den Joghurt mit dem Paprikapulver, dem Anispulver, den zerstoßenen Pfefferkörnern und dem Salz verrühren und abschmecken.

Wirkung:
Erwärmend

Pro Portion
212/51 kJ/kcal • 3 g Eiweiß
3 g Fett • 3 g Kohlenhydrate
0 g Ballaststoffe
10 mg Cholesterin

Tomatensauce

Für 4 Portionen

○ 2 Zwiebeln
▪ 1 EL Öl
○ Pfeffer
● Salz
● 600 g Tomaten
● 2 EL Tomatenmark
● 2 TL Oregano

1 Die Zwiebeln abziehen und fein hacken. Einen Topf erhitzen und das Öl hineingeben. Die Zwiebeln bei mittlerer Hitze glasig dünsten, mit Pfeffer und Salz nach Belieben würzen.
2 Die Tomaten kreuzweise etwas einritzen, mit kochendem Wasser überbrühen und häuten. Das Fruchtfleisch in Würfel schneiden. Tomatenwürfel, Tomatenmark sowie Oregano zu den Zwiebeln geben. Unter gelegentlichem Umrühren 15 Minuten zugedeckt kochen lassen. Die Tomatensauce passt gut zu Grünkernbratlingen oder Vollkornspätzle.

Wirkung:
Neutral

Pro Portion
210/50 kJ/kcal • 2 g Eiweiß
3 g Fett • 5 g Kohlenhydrate
2 g Ballaststoffe
0 mg Cholesterin

Tipp Zur Konservierung die Sauce heiß in Schraubgläser füllen, die Deckel zudrehen und die Gläser sofort etwa 5 Minuten auf den Kopf stellen. Die Sauce ist so ca. 4 bis 6 Wochen haltbar.

Senf-Tomaten-Sauce

Für 4–6 Portionen

- 4 EL Öl
- Pfeffer
- Salz
- 3 EL Vollkornmehl
- ½ l heiße Gemüsebrühe
- 1 Prise Rohrzucker
- 1 Lorbeerblatt
- 1 TL gehackter Dill
- 1 EL Senf
- 1 EL Tomatenmark

1 Einen Topf erhitzen und das Öl hineingießen. Pfeffer, Salz und Vollkornmehl zugeben und unter Rühren 1 bis 2 Minuten anschwitzen lassen. Mit der heißen Gemüsebrühe ablöschen.

2 Den Rohrzucker, das Lorbeerblatt, den Dill, den Senf, das Tomatenmark und 1 Prise Salz darunter rühren und die Sauce etwa 10 Minuten bei schwacher Hitze mit geschlossenem Deckel kochen lassen. Die Sauce durch ein Sieb streichen und servieren.

Wirkung:
Neutral

Pro Portion
533/127 kJ/kcal • 1 g Eiweiß
12 g Fett • 5 g Kohlenhydrate
1 g Ballaststoffe
0 mg Cholesterin

Info Die Sauce schmeckt besonders gut zu Bratlingen.

Nur wenige Zutaten werden benötigt, um die köstliche Senf-Tomaten-Sauce zuzubereiten. Verwenden Sie wertvolles Pflanzenöl mit einem hohen Anteil an ungesättigten Fettsäuren, wie z. B. Distel- oder Sonnenblumenöl.

Gebäck

Laut den Regeln der Ernährung nach den Fünf Elementen entfaltet Gebäck nach dem Verzehr je nach Härte- und Süßegrad eine befeuchtende oder trocknende Wirkung in unserem Körper: Je weniger hart und je süßer ein Gebäck ist, um so befeuchtender wirkt es auf unseren Körper. Je härter ein Gebäck ist (z. B. Zwieback, Knäckebrot), umso trocknender wirkt es. Möchten wir Energie aufbauen, sollten wir zu Gebäck aus Vollkornmehl greifen. Bereiten wir den Teig mit entsprechenden Gewürzen und Kräutern zu oder toasten das Gebäck, entfaltet es eine erwärmende Wirkung.

Vollkornlebkuchen

Für 40 Stück

- 200 g Zitronat
- 100 g Orangeat
- 1 EL Kakao
- ½ TL Paprikapulver
- 200 g gemahlene Haselnüsse
- 125 g weiche Butter
- 250 g Zuckerrübensirup
- 3 Eier
- 1 TL Zimt
- 1 TL gemahlene Nelken
- 1 Prise Salz
- 400 g Weizenvollkornmehl
- 1 Päckchen Weinsteinbackpulver
- Mehl für die Arbeitsfläche
- 40 Vollkornbackoblaten (6 cm Durchmesser)

Zum Bestreichen:
- 1 EL Honig
- 1 EL warmes Wasser

1 Das Zitronat und das Orangeat mit einer Küchenmaschine zerkleinern. Alle Teigzutaten der Reihenfolge nach in eine Schüssel geben und verkneten.

2 Den Teig auf einer bemehlten Arbeitsfläche ausrollen, Lebkuchen ausstechen und auf die Oblaten legen. Den Backofen auf 180 °C (Umluft 160 °C, Gas Stufe 2–3) vorheizen. Den Honig mit dem warmen Wasser verrühren und die Lebkuchen damit bestreichen. Die Lebkuchen auf ein Backblech legen und im Backofen 15 Minuten backen.

Wirkung:
Energiespendend, erwärmend

Pro Stück
585/140 kJ/kcal • 3 g Eiweiß
7 g Fett • 17 g Kohlenhydrate
2 g Ballaststoffe
24 mg Cholesterin

Tipp Vollkornlebkuchen eignen sich auch ausgezeichnet als wärmende, energiebringende Zwischenmahlzeit.

Info Vollkornlebkuchen wirken sehr erwärmend. Deshalb sollten Sie nicht zu viele Stücke auf einmal essen, um das thermische Gleichgewicht zu sichern.

Dinkellebkuchen vom Blech

Für 50 Stück

- 100 g Butter
- 370 g Zuckerrübensirup
- 2 Eier
- 150 g gemahlene Mandeln
- 1 Päckchen Lebkuchengewürz
- 1 Prise Salz
- 100 g Orangeat
- 200 g Zitronat
- 500 g Dinkelvollkornmehl
- 1 Päckchen Weinstein-backpulver
- 1 TL Kakaopulver
- 6–12 EL Milch
- Fett für das Backblech
- 100 g ganze Mandeln

Zum Bestreichen:
- 1 EL Honig
- 1 EL warmes Wasser

1 Die Butter und den Zucker-rübensirup in einem warmen Topf schmelzen und abkühlen lassen. Nach dem Erkalten die Eier und die gemahlenen Mandeln dazugeben, ebenso das Lebkuchengewürz, das Salz, Orangeat und Zitronat.

2 Das Dinkelmehl und das Weinsteinbackpulver darüber geben und zu einer gleichmä-ßigen Masse verrühren.

3 Das Kakaopulver darunter rühren und so viel Milch dazu-geben, dass eine streichfähige Masse entsteht.

4 Den Teig auf ein gefettetes Backblech streichen. Die gan-zen Mandeln überbrühen, ab-ziehen und halbieren. Den Teig in gleichmäßigen Abständen mit den halbierten Mandeln belegen.

5 Das Blech in den kalten Back-ofen (mittlere Schiene) schie-ben und den Teig bei 200 °C (Umluft 180 °C, Gas Stufe 3–4) 30 bis 40 Minuten backen. Den Honig mit dem warmen Wasser verrühren. Den Lebkuchen mit Honigwasser bestreichen und in rechteckige Stücke schneiden.

Wirkung:
Energiespendend, wärmend

Pro Stück
518/123 kJ/kcal • 3 g Eiweiß
5 g Fett • 16 g Kohlenhydrate
2 g Ballaststoffe
15 mg Cholesterin

Info In der chinesischen Weisheit gehört das Essen zu den Lebenskünsten. Es dient, wie z. B. die Musik, der Harmonisie-rung der Körperenergien. Im Kochen bildet sich die mensch-liche Existenz in ihren Wandlungsphasen ab. Das gilt auch für das Verzehren der Speisen. Eine perfekte Mahlzeit zeichnet sich neben Yin- und Yang-Bestandteilen auch durch Farbe, Aroma und Geschmack aus. In China liebt man die Kontraste bei einer Mahlzeit – den Gegensatz von mild und scharf, kalt und heiß, salzig und süß. Kontraste können sich durch aufeinander fol-gende Speisen ergeben, aber sie finden sich auch in einem Ge-richt, wie z. B. beim zarten Fisch mit knackigem Gemüse oder beim scharf gewürzten Huhn mit süßen Möhren.

Für eine Kastenform (28 cm)

- 3 Eier
- 125 g Trockenfrüchte (Feigen, Datteln oder Pflaumen)
- 2 EL Honig
- 125 g gemahlene Haselnüsse
- 60 g gemahlene Mandeln
- 200 g Rosinen
- ½ TL Zimt
- 1 Prise geriebene Muskatnuss
- 1 Prise Salz
- 125 g Zitronat
- 125 g Weizenvollkornmehl
- 1 TL Weinsteinbackpulver
- 1 TL Kakaopulver
- Fett für die Form

Früchtebrot

1 Die Eier trennen und die Eiweiße schaumig schlagen. Die Trockenfrüchte klein schneiden.

2 Die Trockenfrüchte, den Honig, die Haselnüsse, die Mandeln und die Rosinen zu den Eigelben geben.

3 Zimt, Muskatnuss und Salz zugeben. Das Zitronat und das Weizenvollkornmehl mit dem Weinsteinbackpulver mischen und unter die Fruchtmasse arbeiten. Den Kakao und den Eischnee unterheben und den

Teig in eine gefettete Kastenform füllen. Die Form in den kalten Backofen (mittlere Schiene) schieben und das Brot bei 180 °C (Umluft 160 °C, Gas Stufe 2–3) 75 bis 90 Minuten backen.

Wirkung:

Energiespendend, neutral, leicht befeuchtend

Pro Stück

862/206 kJ/kcal • 5 g Eiweiß
9 g Fett • 26 g Kohlenhydrate
4 g Ballaststoffe
42 mg Cholesterin

Für 15 Stück

- 100 g Trockenfrüchte (Aprikosen, Feigen oder Pflaumen)
- 150 g Butter
- 2 EL Honig
- 3 Eier
- 1 EL Rotwein oder 1 TL Kakao
- 100 g gehackte Haselnüsse
- 50 g Rosinen
- 1 EL Milch
- 100 g Haferflocken
- 1 EL Wasser
- 200 g Weizenvollkornmehl
- 2 TL Weinsteinbackpulver
- Fett für das Backblech

Müslitaler

1 Die Trockenfrüchte klein schneiden.

2 Die Butter mit dem Honig und den Eiern verrühren und mit dem Rotwein oder dem Kakao, den Trockenfrüchten, den Haselnüssen, den Rosinen und der Milch gleichmäßig vermengen.

3 Mit den restlichen Zutaten der Reihenfolge nach zu einem Teig verarbeiten; der Teig sollte nicht zu weich sein. Bei Bedarf kann noch etwas Mehl dazugegeben werden.

4 Kleine Teighäufchen auf ein gefettetes Backblech setzen, in den kalten Backofen (mittlere Schiene) schieben und die Müslitaler bei 180 °C (Umluft 160 °C, Gas Stufe 2–3) etwa 25 bis 35 Minuten backen.

Wirkung:

Energiespendend

Pro Stück

1009/241 kJ/kcal • 5 g Eiweiß
15 g Fett • 21 g Kohlenhydrate
3 g Ballaststoffe
70 mg Cholesterin

Müslibrot

1 Alle Zutaten der Reihenfolge nach zu einem Teig verkneten. Den Teig abgedeckt warm stellen, bis er aufgegangen ist und sein Volumen verdoppelt hat.

2 Den Teig nochmals durchkneten, in eine gefettete, feuerfeste Glasform (Jenaer Glas) geben, zudecken und weitere 15 Minuten gehen lassen. Den Backofen auf 250 °C (Umluft 230 °C, Gas Stufe 6) vorheizen.

3 Teig mit Milch bestreichen und mit Haferflocken bestreuen.

4 Das Brot 30 Minuten bei 250 °C (Umluft 230 °C, Gas Stufe 6) backen, den Backofen auf 190 °C (Umluft 170 °C, Gas Stufe 3) zurückdrehen und das Brot weitere 30 Minuten backen.

Wirkung:
Energiespendend

Pro Stück
932/223 kJ/kcal • 5 g Eiweiß
12 g Fett • 24 g Kohlenhydrate
4 g Ballaststoffe
21 mg Cholesterin

Für eine Kastenform (28 cm)
- 250 g Dinkelvollkornmehl
- 250 g Weizenvollkornmehl
- 1 Päckchen Trockenhefe
- 280–350 ml warmes Wasser
- 80 g Rosinen
- 100 g gemahlene Haselnüsse
- 1 TL gemahlener Koriander
- 1 TL Salz
- Fett für die Form

Zum Bestreichen:
- 1 EL Milch

Zum Bestreuen:
- 1 EL Haferflocken

In einer Jenaer Glasform gebackenes Brot bräunt schön gleichmäßig und trocknet bei geschlossenem Deckel während des Backprozesses nicht aus.

Dinkelbrötchen

Für 12 Stück

- 550 g Dinkelvollkornmehl
- 1 Päckchen Trockenhefe
- 400 ml warmes Wasser
- 1 TL Honig
- 1 Prise Pfeffer
- 1 TL Salz
- Fett für das Backblech

Zum Bestreichen:
- 1 EL Wasser
- 1 EL Öl
- 1 TL Salz

Zum Bestreuen:
- Sesam- oder Sonnen-
  blumenkerne

1 Alle Zutaten der Reihenfolge nach zu einem Teig verkneten. Den Teig an einem warmen Ort zugedeckt 30 Minuten gehen lassen.

2 Den Teig nochmals durchkneten, 12 Brötchen formen und auf ein gefettetes Backblech legen.

3 Die Brötchen mit einem Tuch bedecken und 10 Minuten gehen lassen.

4 Zum Bestreichen das Wasser mit dem Öl und dem Salz verrühren. Die Brötchen vor dem Backen mit dem Wasser-Öl-Salz-Gemisch einpinseln und mit Sesam- oder Sonnenblumenkernen bestreuen.

5 Eine Schale mit Wasser in den Backofen stellen, damit die Brötchen nicht austrocknen. Brötchen in den kalten Backofen schieben und bei 220 °C (Umluft 200 °C, Gas Stufe 4–5) 25 bis 35 Minuten backen.

Wirkung:
Energiespendend

Pro Stück
769/184 kJ/kcal • 7 g Eiweiß
4 g Fett • 30 g Kohlenhydrate
4 g Ballaststoffe
2 mg Cholesterin

Tipp Die Brötchen können je nach Geschmack mit gerösteten Zwiebeln (im Teig) oder mit Käse (bestreut) gebacken werden. Für süße Dinkelbrötchen nimmt man 1 Prise Salz und gibt dem Teig etwa 40 Gramm Honig und 50 Gramm Rosinen zu.

Info Dinkel passt besonders gut in die Jahreszeiten Frühjahr und Sommer. Das Getreide ist eine Weizenart und entfaltet im Körper eine ähnliche Wirkung wie Weizen. Dinkel ist allerdings weniger erfrischend und kann daher auch im neutralen Bereich eingesetzt werden. Da die Schale von Dinkel weniger hart ist, kann die Kochzeit etwas geringer ausfallen. Beide Getreidesorten sind bei geistiger Überanstrengung, Schlafstörungen, Nervosität, Hauterkrankungen, Leber- und Gallenblasenerkrankungen und Säftemangel zu empfehlen. Dinkel beruhigt den Geist und das Herz und ernährt die Muskeln.

Dinkelbrot

Für eine Kastenform (28 cm)

- 600 g Dinkelvollkornmehl
- 1 Päckchen Trockenhefe
- 400 ml warmes Wasser
- 1 TL Honig
- 2 EL Sonnenblumenkerne
- 1 Prise Pfeffer
- 1 TL gemahlener Koriander
- 1 TL Salz
- Fett für die Form

Zum Bestreichen:
- 1 EL Wasser
- 1 EL Öl
- 1 TL Salz

Zum Bestreuen:
- Sesam- oder Sonnenblumenkerne

1 Alle Zutaten der Reihenfolge nach zu einem Teig verkneten und zugedeckt 30 Minuten an einem warmen Ort gehen lassen.

2 Den Teig nochmals durchkneten, zu einem länglichen Laib formen und in eine gefettete, feuerfeste Glasform legen. Mit einem Tuch bedecken und 10 Minuten gehen lassen.

3 Zum Bestreichen das Wasser mit dem Öl und dem Salz verrühren. Das Brot vor dem Backen mit dem Wasser-Öl-Salz-Gemisch einpinseln und mit Sesam- oder Sonnenblumenkernen bestreuen.

4 Den Deckel der Glasform auflegen, das Brot in den kalten Backofen schieben und bei 220 °C (Umluft 200 °C, Gas Stufe 4–5) 35 bis 40 Minuten goldbraun backen.

5 Das Brot aus der Form nehmen und bei 160 °C (Umluft 140 °C, Gas Stufe 1–2) weitere 30 Minuten backen.

Wirkung:

Energiespendend

Pro Stück

681/163 kJ/kcal • 6 g Eiweiß
4 g Fett • 25 g Kohlenhydrate
3 g Ballaststoffe
2 mg Cholesterin

Tipp Die Form ist ausgespült ideal als Brotbehälter geeignet.

Info Koriander ist ein Doldengewächs, das in der asiatischen Küche vielfältig eingesetzt wird. Die grünen Pflanzenteile werden ähnlich wie Petersilie verwendet. Koriander hat ein sehr typisches Aroma und einen sehr intensiven Geschmack. Bei uns ist Koriander eher in Form von kleinen Früchten bekannt, die getrocknet verwendet oder zu Pulver gemahlen werden.
Die Fünf-Elemente-Ernährung verwendet wenig Milchprodukte. Der Kalziumbedarf wird überwiegend durch Sesam, Mandeln, Haferflocken und Gemüse gedeckt. Sesamsamen sind sehr kalzium- und magnesiumhaltig, deshalb können Gomasio und Tahinsauce, beides aus Sesamsamen hergestellt, zu einer ausreichenden Versorgung beitragen.

**Für einen Fladen
(30 cm Durchmesser)**

- 250 g Dinkelvollkornmehl
- 1/2 Päckchen Trockenhefe
- 200 ml warmes Wasser
- 1 EL Sonnenblumenöl
- 1 EL Sesamsamen
- 1/2 TL Korianderpulver
- Fett für das Backblech
- 1/2 TL Salz

Zum Bestreichen:
- 1 EL Wasser
- 1 EL Öl
- 1 TL Salz

Dinkelfladen

1 Alle Zutaten der Reihenfolge nach zu einem Teig verkneten und zugedeckt 30 Minuten gehen lassen.

2 Den Teig nochmals durchkneten, zu einem Fladen mit ca. 30 Zentimeter Durchmesser formen und auf ein gefettetes Backblech legen. Den Teig abgedeckt nochmals 10 Minuten gehen lassen. Den Backofen auf 200 °C (Umluft 180 °C, Gas Stufe 3–4) vorheizen.

3 Zum Bestreichen das Wasser mit dem Öl und dem Salz verrühren. Den Fladen mit dem Wasser-Öl-Salz-Gemisch einpinseln, in der Backofenmitte ca. 20 Minuten backen.

4 Dinkelfladen passt gut zu Salaten oder Suppen (nach Belieben mit Butter bestrichen).

Wirkung:

Energiespendend

Pro Stück

649/155 kJ/kcal • 5 g Eiweiß
6 g Fett • 20 g Kohlenhydrate
3 g Ballaststoffe
3 mg Cholesterin

**Für eine Springform
(26 cm Durchmesser)**

- 100 g Zartbitterschokolade mit Honig
- 5 Eier
- 2 Birnen
- 80 g Butter
- 100 g Rohrzucker
- 2 EL Honig
- 1 Prise Sternanis oder gemahlener Koriander
- 1 Prise Salz
- 175 g Weizenvollkornmehl
- 1/2 Päckchen Weinsteinbackpulver
- Fett für die Form

Süßer Birnenfladen

1 Die Schokolade raspeln. Die Eier trennen, Eiweiße steif schlagen und kühl stellen. Den Backofen auf 175 °C (Umluft 155 °C, Gas Stufe 2) vorheizen.

2 Die Birnen schälen, vierteln, das Kerngehäuse entfernen und das Fruchtfleisch in Scheiben schneiden. Die Eigelbe mit der Butter, dem Zucker, dem Honig und den Gewürzen zu einer lockeren Masse schlagen.

3 Das Mehl mit dem Backpulver mischen und unter die Masse rühren. Die Schokolade, die Birnen und den Eischnee unterheben.

4 Den Boden einer Springform fetten, den Teig einfüllen und den Fladen im Backofen etwa 1 Stunde backen.

Wirkung:

Energiespendend, leicht befeuchtend

Pro Stück

968/231 kJ/kcal • 5 g Eiweiß
12 g Fett • 26 g Kohlenhydrate
3 g Ballaststoffe
110 mg Cholesterin

Gewürzkekse

1 Alle Kekszutaten zu einem glatten Teig kneten. Die Teigmasse in Pergamentpapier gewickelt 1 Stunde kühl stellen.
2 Den Teig auf der bemehlten Arbeitsfläche ausrollen und beliebige Formen ausstechen. Die Plätzchen auf drei gefettete Backbleche legen.
3 Das erste Backblech in den kalten Backofen (mittlere Schiene) schieben und die Kekse bei 175 bis 200 °C (Umluft 155–

180 °C, Gas Stufe 3) 15 bis 18 Minuten backen. Die folgenden Bleche brauchen dann ca. 8 bis 12 Minuten. Mit Umluft backen Sie alle Bleche auf einmal.

Wirkung:

Erwärmend, energiespendend

Pro Stück

324/77 kJ/kcal • 2 g Eiweiß
5 g Fett • 6 g Kohlenhydrate
1 g Ballaststoffe
18 mg Cholesterin

Für etwa 60 Stück

- 500 g Dinkelvollkornmehl
- 2 gestrichene TL Weinsteinbackpulver
- abgeriebene Schale von 1 unbehandelten Zitrone
- ½ TL Kakao
- 2 Eier
- 250 g Butter
- 100 g gemahlene Mandeln
- 40 g Gewürzmischung (nach Hildegard von Bingen)
- 1 Prise Salz
- Mehl für die Arbeitsfläche
- Fett für die Backbleche

Tipp Bei einem Verzehr von mehr als vier bis fünf Keksen können die Gewürze zu stark erwärmend wirken.

Aprikosenschnitten

1 Die Aprikosen waschen und 3 bis 6 Stunden in warmem Wasser einweichen. Die Aprikosen mit der Einweichflüssigkeit pürieren.
2 Die Kokosflocken und die Haferflocken zu den Aprikosen geben und verrühren. Die Masse ½ Zentimeter dick auf ein gefettetes Backblech streichen.
3 Bei 80 °C (Umluft 60 °C, Gas Stufe 1) 1 Stunde im Backofen trocknen lassen. Anschließend in Stücke schneiden und auf

einem Kuchengitter nachtrocknen lassen.
4 Die Aprikosenschnitten zum Aufbewahren in einen Karton legen.

Wirkung:

Energiespendend, blutaufbauend, stillt den Appetit auf Süßes

Pro Stück

716/170 kJ/kcal • 3 g Eiweiß
10 g Fett • 17 g Kohlenhydrate
6 g Ballaststoffe
3 mg Cholesterin

Für ein halbes Blech

- 200 g getrocknete, ungeschwefelte Aprikosen
- 100 ml warmes Wasser
- 100 g Kokosflocken
- 50 g grobe Haferflocken
- Fett für das Blech

Getränke

Sollten Sie Gefallen an den Erkenntnissen aus der traditionellen chinesischen Ernährungslehre gefunden haben, wollen aber nur wenig an Ihrem Speiseplan verändern, können Sie auch über die Wirksamkeit der Getränke Ihre Gesundheit positiv beeinflussen. Mit gezielt ausgewählten Getränken ist nach der Theorie der Ernährung nach den Fünf Elementen ein Gleichgewicht zwischen Yin und Yang in unserem Körper erreichbar. Auch unser Temperaturempfinden können wir demnach über die Getränke beeinflussen. Die Wirkung von erwärmenden Getränken hält etwa eine halbe Stunde an; dann müssen wir erneut ein erwärmendes Getränk zu uns nehmen.

Zum richtigen Zeitpunkt das richtige Getränk

Getränke spielen eine große Rolle bei der Erzielung des Gleichgewichts zwischen Yin und Yang. Auf den folgenden Seiten ist erklärt, welche Wirkungen die einzelnen Getränke im Körper entfalten.

Nur bei einer echten Hitze, einem Yang-Überschuss, darf gekühlt werden. Dies erkennt man, außer am Schwitzen, an roten Ohren oder an einem roten Kopf. Sind nur die Wangen gerötet, führt man das auf einen Yin-Mangel zurück.

Sieht jemand blass aus und schwitzt, ohne dass er sich angestrengt hat oder zu warm angezogen ist, deutet das auf Energielosigkeit hin. Nach der chinesischen Ernährungslehre ist die Lunge zu schwach, um die Poren geschlossen zu halten. Erlaubt sind in diesem Fall nur warme Getränke. Außerdem muss Energie aufgebaut werden: Am schnellsten geht dies mit Haferflocken, Hirse, Mochireis, Rotkohl und Energiesuppen aus Rind- und Hühnerfleisch. Werden diese Empfehlungen eingehalten, findet der Körper wieder die Kraft, die Poren geschlossen zu halten, und das Schwitzen verschwindet.

Die Getränke haben auch Einfluss auf unseren Stuhlgang: Wer zu Verstopfung neigt, sollte mehr trinken, jedoch weniger austrocknende, bittere und erwärmende Getränke. Laut den Regeln der Fünf-Elemente-Ernährung haben die Getränke auch auf die Blutqualität und den Säftehaushalt unseres Körpers Einfluss.

Nehmen wir dabei zu viele bittere Lebensmittel aus dem Feuerelement zu uns, verändert sich nach dieser Theorie die Blutqualität, und unsere Körpersäfte werden reduziert. Trockene Lippen und trockene Haut sowie Faltenbildung wären die Folgen.

Regeln für die Teezubereitung

● Blüten und zarte Blätter in kochendes Wasser geben und ziehen lassen.
● Wurzeln, Samen, Schalen und Stängel in kaltes Wasser geben, erhitzen und etwa 5 Minuten kochen lassen.
Die Ernährungslehre nach den Fünf Elementen unterscheidet zwischen neutralen, abkühlenden und erwärmenden Getränken. Eine Auswahl an Getränken werden nachfolgend mit ihren Wirkungen aufgeführt.

Neutrale und abkühlende Getränke

● Apfelsaft: erfrischend
● Apfelsaft mit warmem Pfefferminztee im Verhältnis 1:1 gemischt: erfrischend, idealer Durstlöscher für warme Sommertage.

Als Durstlöscher eignen sich Mischungen von erwärmenden und abkühlenden Getränken. Sie halten Yin und Yang im Gleichgewicht.

Tees spielen eine wichtige Rolle in der Fünf-Elemente-Ernährung. Je nach Sorte können sie erwärmend oder abkühlend wirken.

Kreieren Sie auch eigene Teemischungen, am besten aus einem kühlenden und einem erwärmenden Tee, wie z. B. Orangenblütentee (erfrischend) und Anistee (erwärmend). Dazu den Anis ins kalte Wasser streuen, das Wasser aufkochen, den Orangenblütentee dazugeben und 5 Minuten ziehen lassen.

- Brombeerblättertee: kühlend, trocknend, gut bei Durchfall und wässrigem Schnupfen
- Früchtetee: erfrischend
- Grüner Tee: erfrischend, anregend, leicht austrocknend
- Lemongrastee: kühlend
- Lindenblütentee mit Apfelsaft im Verhältnis 3:1 gemischt: erfrischend
- Malventee mit Kirschsaft im Verhältnis 3:1 gemischt: blutaufbauend
- Melissentee: kühlend, entspannend, beruhigend
- Milch: neutral
- Orangenblütentee: erfrischend, entspannt Muskulatur und Geist, fördert erholsamen Schlaf
- Petersilientee: neutral, fördert die Verdauung, gut bei Übelkeit und nach einem fetten, schweren Essen

Zubereitung: 2 Esslöffel frische Petersilienblätter in 1 Liter kaltes Wasser geben, aufkochen und etwa 10 Minuten bei schwacher Hitze kochen, danach abseihen und warm trinken.

- Pfefferminztee: kühlend, bewegend
- Säfte: erfrischend, sie werden in der warmen Jahreszeit mit kaltem Wasser, in der kalten Jahreszeit mit warmem Wasser gemischt. Es eignen sich alle Fruchtsäfte.
- Schwarztee: neutral, stark austrocknend
- Traubensaft, rot: neutral, entspannt, spendet Energie, baut Blut und Säfte auf
- Wasser, heiß: leicht erfrischend, austrocknend
- Wasser, kalt: kühlt speziell die Nierenenergie; es sollte daher nur in kleinen Mengen getrunken werden.
- Wollblumentee: neutral, befeuchtend, bringt Linderung bei Hustenreiz und trockenem Hals, hat entspannende Wirkung auf die Blase (nicht über einen längeren Zeitraum trinken, da er sonst Inkontinenz fördert)
- Zitronenwasser, warm: erfrischend, belebend, entstauend

Zubereitung: 1 Liter warmes Wasser mit dem Saft von ½ Zitrone und 1 Esslöffel Honig mischen.

Erwärmende Getränke

● Apfelessiggetränk: antibakteriell, entschlackend, belebend, leicht erwärmend.
Zubereitung: 2 Teelöffel Apfelessig und 1 Teelöffel Honig in 200 Milliliter Wasser geben. Vor den Mahlzeiten 1 Glas trinken.
● Apfelsinenschalentee: erwärmend, trocknend (gut bei wässrigem Schnupfen)
● Fencheltee: erwärmend
● Gewürztee (Mutee oder Yogitee): stark erwärmend
Zubereitung: 1 Teelöffel Gewürztee in 1 Liter kochendes Wasser geben und 5 Minuten ziehen lassen.
● Ingwertee: stark erwärmend, öffnet die Poren und vertreibt eingedrungene Kälte, schützt vor Erkältungen; nicht geeignet für Personen mit Hitzezuständen und Hautproblemen
Zubereitung: 1 Esslöffel geriebenen Ingwer in 1 Liter Wasser geben, 5 Minuten kochen lassen und abseihen.
● Kakao mit heißem Wasser: erwärmend, austrocknend
● Kakaoschalentee: austrocknend, erwärmend (nicht bei Blut- und Yin-Mangel). Zubereitung: 3/4 Liter Wasser erwärmen und 1 Esslöffel Kakaoschalen dazugeben. Bei geschlossenem Topf aufkochen, etwa 10 Minuten ziehen lassen und abseihen. Bei der Zubereitung sollten Sie darauf achten, dass kein Dampf entweicht, sonst duftet die Küche nach Kakao und der Tee schmeckt fad.
● Pu-Erh-Tee: neutral, energiebringend, steigert die Leistungsfähigkeit, fördert die Ausscheidung der für den Körper wertlosen Verbindungen und kann das Abnehmen unterstützen
● Weihnachtsfrüchtetee (mit Zimt): erwärmend
Für leicht frierende Personen ist es ratsam, im Winter nur warme Getränke zu sich zu nehmen, wie z. B. warmes Wasser, mit warmem Wasser gemischte Säfte oder erwärmende Tees. Teesorten mit erfrischender Wirkung können im Winter auch zusammen mit Gewürzen, die erwärmende Eigenschaften haben (z. B. Sternanis oder Stangenzimt), gemischt werden.

Auch eine Mischung aus Yogitee (stark erwärmend) und Pfefferminztee (stark abkühlend) tut gut: Das Yogiteegewürz mit Pfefferminzblättern mischen, mit heißem Wasser übergießen und 5 Minuten ziehen lassen.

Gewürze

Frische Kräuter, getrocknete, gerebelte Kräuter und pulverisierte Gewürze werden in der Ernährung nach den Fünf Elementen häufig eingesetzt, um die Energie, die über die vollwertige Ernährung aufgebaut wird, auch zu bewegen.

Kräuter enthalten außer der bewegenden Wirkung wertvolle Mineralstoffe und Vitamine in ihrer natürlichen Form.

Die meisten pulverisierten Gewürze regen an und erwärmen. Sie werden besonders gern in der kalten Jahreszeit verwendet und eignen sich gut für Personen, die schnell frieren und diejenigen, die sich energielos fühlen. Scharfe pulverisierte Gewürze wie Pfeffer können jedoch nach dem Verzehr oftmals rote Flecken auf der Haut erzeugen. Hautempfindliche Personen sollten deshalb vorsichtig dosieren oder auf gerebelte Kräuter ausweichen. Legen Sie sich einen Vorrat mit vielen verschiedenen Gewürzen und Kräutern an, und würzen Sie Ihre Speisen regelmäßig damit. Nach der Fünf-Elemente-Ernährung haben Gewürze und Kräuter eine anregende und energiespendende Wirkung.

- Anis und Fenchel wärmen und heben die Stimmung.
- Bockshornkleesamenpulver, Liebstöckelkraut und -wurzel sind als Geschmackszutat eine Bereicherung für Suppen und Eintöpfe und wirken erwärmend.
- Cayennepfeffer erwärmt, löst Stauungen, fördert die Energie.
- Gomasio, ein Sesam-Meersalz-Gewürz, ist ideal zum Nachwürzen, da es für den Körper gut verträglich ist.
- Ingwer ist ein stark erwärmendes Gewürz; frisch reicht ein Gramm aus, um eine erwärmende Wirkung hervorzurufen. Getrockneter Ingwer sollte noch sparsamer verwendet werden.
- Thymian, frisch oder getrocknet, kann zur Herstellung von Hustentee verwendet werden, weil er die Lungenenergie senkt. Thymian in kochendem Wasser 5 Minuten ziehen lassen. Besteht ein trockener Husten, kann der Tee mit Honig gesüßt werden, da Letzterer befeuchtend wirkt. Bei Husten mit Schleim sollte nach der Fünf-Elemente-Ernährung nicht gesüßt werden.

Aus dem Wasserelement nehmen wir oft nur das Gewürz Salz zu uns. Da wir meist zu wenig aus dem Meer verzehren, können wir die Kombualge in unseren Speisen mitkochen und damit das Wasserelement betonen. Nach dem Kochen wird die Alge entfernt oder klein geschnitten gegessen.

Über die Autorin

Marianne Lang, ausgebildete Ernährungsberaterin nach der Fünf-Elemente-Theorie, beschäftigt sich bereits seit Jahren intensiv mit gesunder Ernährung, u. a. mit Trennkost, Vollwertkost und Rohkost. Neben Vorträgen ist Marianne Lang auch als Autorin in Fachzeitungen sowie als Einzelberaterin tätig.

Hinweis

Das vorliegende Buch ist sorgfältig erarbeitet worden. Dennoch erfolgen alle Angaben ohne Gewähr. Weder Autorin noch Verlag können für eventuelle Nachteile oder Schäden, die aus den im Buch gemachten praktischen Hinweisen resultieren, eine Haftung übernehmen.

Literatur

Bänzinger, Erica; Baule, Gisela: Kochen mit den Fünf Elementen. Midena-Verlag 1996

Dr. med. Flaws, Bob; Wolfe, H. Lee: Das Yin und Yang der Ernährung. O. W. Barth-Verlag 1992

Heinen, Martha P.: Kochen und leben mit den Fünf Elementen. Windpferd-Verlag 1997

Ross, Jeremy; Zang Fu: Die Organsysteme der traditionellen chinesischen Medizin. ML-Verlag 1995

Temelie, Barbara: Ernährung nach den Fünf Elementen. Joy-Verlag 1996

Temelie, Barbara; Trebuth, Beatrice: Das Fünf Elemente Kochbuch, Joy-Verlag 1996

Temelie, Barbara; Trebuth, Beatrice: Die Fünf Elemente Ernährung für Mutter und Kind. Joy-Verlag 1996

Bildnachweis

Image Bank, München: U4 (CTP), 5 (Real Life), 18 (B. Erlanson), 24 (D. de Lossy); IFA-Bilderteam, München: 9 (Bohnacker); Mauritius, Mittenwald: 17 (fm), 44 (AGE); Rees Peter, Köln: Titel, 47, 51, 61, 67, 75, 81, 85; Südwest Verlag, München: 1, 6, 23 (K. Newedel), 30 (Hofmann), 91 (C. Rehm); Tony Stone, München: 4 (J. - M. Truchet), 14 (W. Schmid), 34 (E. Dreyer)

Impressum

© 1999 Südwest Verlag GmbH in der Verlagshaus Goethestraße GmbH & Co. KG, München
Alle Rechte vorbehalten Nachdruck – auch auszugsweise – nur mit Genehmigung des Verlags.

Lektorat:
Dr. Marion Onodi,
Dr. Judith Schuler
Rezeptelektorat:
Christiana Hoerster
Lebensmitteltabellen Seite 38ff.:
Barbara Temelie
Projektleitung und ökotrophologische Fachberatung:
Susanne Kirstein
Nährwertberechnungen:
NutriService, Hennef
Redaktionsleitung:
Michaela Röhrl
Bildredaktion: Gabriele Feld
Produktion: Manfred Metzger
Umschlag: Heinz Kraxenberger, München
DTP: satz & repro Heinrich Grieb, München
Druck: Color-Offset, München
Bindung: Oldenbourg, München

Printed in Germany

Gedruckt auf chlor- und säurearmem Papier

ISBN 3-517-07853-0

Sachregister

Rezepteregister